V. ARMAND NOUATIN

LA SEXUALITE RETROUVEE EPANOUIE - LES GYMNASTIQUES SEXUELLES

V. ARMAND NOUATIN

LA SEXUALITE RETROUVEE EPANOUIE - LES GYMNASTIQUES SEXUELLES

L'ART DE FAIRE L'AMOUR AVEC JOIE

Éditions Vie

Cover image: www.ingimage.com

Publisher:
Éditions Vie
is a trademark of
Dodo Books Indian Ocean Ltd. and OmniScriptum S.R.L publishing group

120 High Road, East Finchley, London, N2 9ED, United Kingdom
Str. Armeneasca 28/1, office 1, Chisinau MD-2012, Republic of Moldova, Europe
Printed at: see last page
ISBN: 978-613-9-59319-4

LA SEXUALITE RETROUVEE EPANOUIE-
LES GYMNASTIQUES SEXUELLES

L'ART DE FAIRE L'AMOUR AVEC JOIE

PAR

V. Armand NOUATIN

Dédicace

Je dédie ce livre à tous les couples mariés afin que ce livre soit un livre de chevet pour eux pour agrémenter leur vie sexuelle et atteindre le plaisir sensuel. Une vie sexuelle retrouvée épanouie va leur apporter de la joie et leur permettre de se découvrir chaque jour. Alors chers couples rentrez dans l'univers de l'amour, l'art de s'aimer et goûter aux plaisirs sexuels avec joie. Aimez-vous chers époux et faites régulièrement l'amour en découvrant les gymnastiques sexuelles proposées. Vous pouvez apporter d'autres innovations en vous inspirants des positions sportives sexuelles proposées. Soyez complètement détendus en vous offrant totalement à votre conjoint. L'époux et son épouse devront innover et apporter des nouveautés à leurs intimités sexuelles .Goutez aux délices de la joie des fusions des corps aimants. C'est maintenant d'entrer dans la joie de la sexualité.

Table des matières

INTRODUCTION :

L'amour est un élément crucial dans le couple et l'homme et la femme doivent prendre cela comme un art car le sexe est l'art de faire l'amour avec joie .Dans leur intimité et dans la joie, l'homme et la femme doivent se laisser aller afin que dans leur volupté, ils puissent se découvrir et goûter aux plaisirs de tous les sens. En commençant par les caresses, la tendresse, les mots doux, l'homme doit toujours manifester de l'attention envers son épouse et la mettre en confiance en passant par les massages au beurre de karité ou à l'huile d'olive pour susciter et éveiller le désir sexuel réciproquement. La relation sexuelle est tellement importante dans le couple au point où des traités sur l'art de faire l'amour virent le jour comme le Kamasutra-traité indien sur l'amour , un recueil fabuleux de techniques créatrices permettant au couple de renforcer leur sexualité et de proposer à leur partenaire de nouvelles approches et méthodes de faire l'amour ,de se regarder tout nu et de s'aimer le plus humblement possible.

Il faut noter que le terme "Kâma-Sûtra", "sûtra" signifie : "traité ; recueil de sentences, d'aphorismes" ; "Kama" désigne "l'amour, la jouissance, le plaisir sensuel". Les Kâma-Sûtra sont donc des "recueils d'aphorismes sur l'amour".

Chacun des partenaires abandonnent ses connaissances et se livre à cette activité artistique, sportive, intime et chaleureuse. Ces techniques ne sont que des orientations permettant au couple de parfaire leur activité sexuelle. Elles les libèrent d'une monotonie. Le couple pourra choisir ensemble en fonction de leurs restrictions, les techniques qu'il trouve praticable. Toutes les techniques que je présente ci-dessus ne sont pas exhaustives. Le couple peut en créer et, donc, innover, laisser libre champ à son inspiration. Le tout pour satisfaire son partenaire. Les jeunes couples débutants ne doivent pas avoir d'inquiétudes car la sexualité doit être leur activité sportive favorite. Il apprendra avec son partenaire et au début, ils feront certainement tous deux des erreurs mais par la suite, ils aimeront car ils auront trouvé une activité réelle qui jadis les liait mais qui renforcera encore ce lien. Moi je l'apprécie et je le défends. J'ai eu cette volonté de regrouper tout cela sur ce document car il est indispensable pour le couple. C'est aussi une occasion de connaitre la médecine du corps et ses points sensibles qui font naitre le désir charnel. Il n'y a pas de honte à l'expérimenter et à se découvrir, se redécouvrir. Des schémas sont joints pour permettre au couple d'en savoir plus sur les différentes gymnastiques à opérer pour une bonne exécution. Parfois les gens font des activités sportives normales (gymnastique, danse, saut, grimper et autres...) mais quand ils se rencontrent avec leur partenaire, ils oublient que la relation sexuelle est aussi le sport le plus complet qui prend en compte tous les autres. Ces techniques doivent être employées avec amour. Il est important de préciser que la sexualité est une recommandation divine pour le couple afin d'atteindre l'épanouissement et donc, certaines pratiques comme la sodomie est prohibée.L'homme et la femme doivent savoir que dans leur intimité, ils font un acte d'adoration envers le Divin et donc, ils doivent éviter alors la Sodomie (le fait de pénétrer par l'anus est interdit par le Divin) pour rester dans leur intimité en adéquation avec les recommandations divines. A part cela, ils peuvent innover dans la joie des positions sexuelles intéressantes et se découvrir chaque instant et ne pas oublier que l'amour est un art et le faire régulièrement est important. De plus, il est interdit à l'homme de pénétrer sa femme pendant ses périodes menstruelles .Cela apporte le malheur et est également une interdiction Divine. En plus de cela, il est interdit à l'homme de pénétrer la femme pendant ses lochies c'est-à-dire pendant les écoulements sanguins vaginaux qui se produisent chez la femme à la suite d'un accouchement, même en cas de césarienne.L'homme doit témoigner de l'amour et de l'attention envers son épouse durant ces périodes jusqu'à ce que la femme soit complétement purifié .A part cela, il est libre pour le couple de se caresser, de faire l'amour avec désir et fougue amoureuse.

PARTIE 1 : Les grands classiques du traité sur l'amour :

Comme dans tous les domaines, il y a en amour les "grands classiques". Si vous commencez votre vie sexuelle ou manquez un peu d'audace, ces positions serviront facilement de mise en route. Ne boudez pas votre plaisir avec ces incontournables.

L'union du lotus :

Propice aux caresses, aux baisers et à l'expression de votre tendresse dans un face à face amoureux, l'union du lotus a été qualifiée de "favorite des amants" par Kalyanamalla, l'auteur du texte érotique indien l'Anangaranga.

Assis par terre ou sur un lit, l'homme replie ses jambes, cuisses écartées, et colle ses plantes de pieds l'une contre l'autre. Sa compagne s'assied sur lui, de face, les cuisses sur celles de son partenaire, les jambes serrées autour de la taille de celui-ci, les pieds posés au sol ou sur le lit.

Dans cette position les contacts intimes incitent à une union complète. Cela commence par de longs baisers où les lèvres s'unissent, les langues se cherchent et jouent entre elles. L'homme peut caresser les seins de sa partenaire, les empoigner ou les embrasser, puis en mordre tendrement les mamelons. La femme peut glisser sa main dans l'entrejambe de l'homme, enserrer son pénis dans un anneau formé par son pouce et son index monter de la base de la verge jusqu'au gland puis redescendre lentement, tout en exerçant de légères pressions qui feront gémir son partenaire ; en même temps, elle frotte son poignet ou son avant-bras sur sa vulve, ce qui ne manquera pas de l'exciter davantage. Les mains de chacun vagabondent sur les fesses, le dos, les épaules de l'autre, s'abreuvant de la douceur du corps de l'aimé(e). La femme peut maintenant imprimer de légers mouvements à son bassin pour frotter sa vulve sur le pénis sûrement passablement dressé de son partenaire, ce qui stimulera davantage encore son clitoris.

Au bord de défaillir, elle suppliera son amant de la pénétrer : l'homme aide alors la femme à se soulever pour que son vagin enfourche son pénis en érection. La pénétration est facile parce que le vagin s'est naturellement lubrifié et dilaté. Cependant, la femme peut aussi enduire de salive le sexe de son compagnon, avant qu'il la pénètre, une caresse qui ajoutera à la douceur et la tendresse de la situation. Ou bien c'est l'homme qui glisse ses doigts mouillés sur les petites lèvres, puis guide son pénis vers l'intérieur du vagin.

L'amant peut passer ses deux bras autour du cou de sa maîtresse, ou poser ses mains sur ses épaules, et la laisser donner le rythme au va-et-vient de la pénétration. Mais il peut aussi la maintenir par la taille, tout en imprimant de légères pressions sur ses fesses pour l'aider à se "balancer" selon une cadence réglée à l'unisson. Si la femme contracte les muscles de son périnée, cela resserre son vagin sur le pénis et augmente pour chacun l'intensité des sensations. L'homme peut basculer son bassin vers l'avant, en abaissant ou relevant ses genoux : ainsi les frottements vaginaux sont plus forts et variés et le plaisir de la femme se renforce, la conduisant à l'orgasme. Si elle le désire, la femme peut rapprocher une jambe de son corps et soulever l'autre, tout en se soutenant d'une main : ce mouvement permet de faire varier la tension du vagin sur le pénis et provoque chez chacun des partenaires de délicieuses vagues de plaisir qu'il savoure, tout en contemplant la jouissance de l'autre. Car c'est l'avantage de cette union du lotus : pouvoir donner à l'autre autant de plaisir que l'on en reçoit.

La levrette :

La levrette est l'une des positions les plus chargées de fantasmes, car elle est celle des mammifères quadrupèdes. Elle a donc, pour les humains, une connotation "animale" très forte qui laisse rarement indifférent : elle peut aussi bien être attirante que repoussante.

Comment se pratique la position de la levrette ?

La femme à quatre pattes prend appui sur ses mains, ou mieux ses avant-bras. L'homme, à genoux, vient pénétrer son vagin par derrière, en la tenant par les hanches ou les fesses. C'est une position à connotation sensiblement animale, qui n'empêche cependant pas la complicité. Cette ambiguïté est délicieuse pour beaucoup, car ce qui n'est pas très clair dans la sexualité, ce qui suscite à la fois l'envie et l'appréhension, peut provoquer une émotion inattendue et un plaisir intense...

La levrette vue par les femmes :

Certaines femmes n'aiment pas tourner le dos à leur partenaire, ne pas le voir, ne pas l'avoir sous les yeux ; d'autres apprécieront au contraire d'être libérées du regard de l'homme, surtout s'il a l'habitude de scruter leur visage pour y repérer les signes de l'excitation. Elles peuvent ainsi se laisser aller plus facilement, s'abandonner à leur plaisir sans se demander comment celui-ci se lit sur leur visage. Sans le "face à face", elles peuvent parfois se concentrer davantage sur leur excitation sans être distraites par le regard de l'autre.

Les femmes aimeront être à quatre pattes ou à genoux, le buste ou seulement la tête en appui sur le lit, s'il est à bonne hauteur, sur le canapé ou tout autre meuble adéquat si on se permet des excursions hors de la chambre... Elles goûteront le plaisir de rester passives ou, au contraire, s'abandonneront au balancement de tout leur corps, joueront avec les mouvements de reins en accompagnant le va-et-vient du partenaire et renforçant son effet. Elles apprécieront aussi que leur clitoris soit librement accessible à sa main.

La position selon le point de vue de l'homme :

Les hommes aiment dans cette position la vision qui leur est offerte du corps féminin, la taille bien soulignée, les hanches et les fesses mises en valeur. La pénétration se fait au milieu de ces rotondités charnues qui sont une particularité érotique de l'espèce humaine, que l'on peut apprécier tout au long de l'acte amoureux tandis que les mains caressent ces formes ou s'accrochent aux hanches.

La pénétration est habituellement moins profonde, les fesses maintenant l'homme à une certaine distance, ce qui peut s'avérer intéressant quand la verge est longue. En compensation, l'angle de la pénétration provoque souvent un plaisir plus intense chez l'homme comme chez la femme.

Au final, cette position permet de se libérer davantage, de jouer plus avec des fantasmes, d'avoir des sensations assez différentes dans le contact extérieur des corps comme dans la pénétration.

La position d'Andromaque :

Pour les anciens, il était connu qu'Andromaque, la femme du grand héros d'Homère, Hector, "chevauchait son époux", et ils racontaient que "derrière les portes, les esclaves phrygiens se masturbaient chaque fois qu'Andromaque montait le cheval d'Hector". Le couple légendaire donne ainsi sa caution à une position pourtant controversée : l'homme y est en situation inférieure, la femme le domine et a la maîtrise du jeu.

Aujourd'hui les sexologues conseillent cette position à tous les "apprentis-amoureux", aussi bien aux femmes qui désirent découvrir l'orgasme pendant la pénétration, qu'aux hommes qui veulent apprendre à maîtriser leur éjaculation.

L'Andromaque pour la femme :

Une femme qui ne parvient pas à l'orgasme lors du rapport peut choisir de caresser son clitoris. Attouchements effectuées pendant la pénétration, qui lui permettront d'obtenir le plaisir recherché. C'est dans ce cas la possibilité de se caresser pendant l'acte sexuel qui rend cette position intéressante : elle est plus favorable aux caresses que celle du missionnaire, mais pas plus que la position où l'homme est dans le dos de la femme. En tout cas, d'après certaines enquêtes, cinquante pour cent des femmes européennes jouissent, pendant la pénétration, grâce aux caresses.

Cependant, certaines femmes recherchent l'excitation clitoridienne non par caresse manuelle mais par frottement contre le pubis et la toison de l'homme. La supériorité de la position d'Andromaque est alors indéniable : en missionnaire, la femme a peu de marge de manœuvre pour bouger les hanches et se retrouve plus ou moins coincée. En position d'Andromaque, elle a toute liberté de creuser les reins et de régler l'inclinaison de son buste afin de trouver l'angle idéal. Le contact entre son clitoris et le pubis de son partenaire sera ainsi le plus adéquat. En outre, elle sera maîtresse de l'intensité de la pression, du rythme du mouvement de frottement et elle pourra s'adapter aux sensations qu'elle ressent. Toutes les conditions sont réunies pour que le jeu soit efficace et mène progressivement à l'orgasme désiré.

L'Andromaque du point de vue masculin :

Quant à l'homme désirant maîtriser son éjaculation, il doit rechercher une position décontractée rendant le jeu érotique possible, facile. Il peut ainsi se détacher d'une excitation qui ne proviendrait que du va-et-vient dans le vagin, approche assez difficile avec la position du missionnaire. En position d'Andromaque, il bouge peu (pour que son cerveau se décrispe et qu'il perde son appréhension d'être pris par surprise) et reste excité par la vue du corps de sa compagne (ses hanches et ses seins, comme son visage); les caresses et les baisers, faciles à donner et à échanger, jouent également un rôle important. La variété des occupations érotiques possibles entraînera son esprit loin de ses peurs. La sexualité pourra cesser d'être une épreuve et retrouver son caractère ludique.

Au-delà de tout apprentissage, cette position est aussi pleine d'agréments. La femme peut ainsi jouer avec la verge en elle, explorer à sa fantaisie les mouvements qui feront varier les sensations qu'elle est susceptible d'en retirer. Et elle donnera ainsi à son compagnon le spectacle de son corps qui bouge et qui vit, celui de la montée de son désir et de son excitation : moments chargés d'érotisme aussi bien pour elle qui s'offre que pour lui qui en reçoit le cadeau.

La position du Missionnaire :

La position du missionnaire est la plus utilisée dans notre civilisation. Cela lui vaut une réputation de position banale, routinière. Mais elle reste, pour de nombreux couples, rassurante, procurant des sensations vives, servant de mise en route pour l'excitation, ou au contraire de position finale pour s'abandonner à la jouissance.

La position amoureuse :

Dans cette position en face à face, l'homme occupe la place supérieure et la femme est allongée sur le dos.

L'homme est couché sur sa partenaire : cependant, habituellement, pour ne pas l'écraser, il ne se laisse pas aller de tout son poids, mais prend appui sur ses coudes et sur ses genoux. Le plus souvent, les jambes de l'homme sont entre celles de la femme, qui sont légèrement pliées. La femme cherche à obtenir le meilleur contact entre son clitoris (ou la région clitoridienne) et le pubis de son partenaire afin d'avoir, pendant les mouvements, la stimulation génitale la plus efficace. Pour cela, elle peut être amenée à plier davantage les genoux, ou à les ramener vers ses épaules, à placer ses jambes sur les épaules de l'homme ; ou encore à entourer le tronc de l'homme avec ses jambes, en joignant les pieds dans son dos.

Variantes du missionnaire :

Certaines utilisent un oreiller posé sous les reins ; pour d'autres, la stimulation reste insuffisante si elles n'insèrent pas leur main entre les deux corps pour augmenter la pression sur leur clitoris. Selon la conformation physique de l'un et de l'autre, la solution est différente pour chaque couple ; de plus, il peut être intéressant de varier la posture pour varier les sensations.

La pénétration peut survenir lors des mouvements, ou bien l'un des deux peut tenir la verge et la guider. Dans cette position, la femme est moins libre de ses mouvements, son bassin bloqué par le poids de l'homme ; les baisers sont assez limités au visage, au cou et aux épaules et les caresses de l'homme ne sont possibles que s'il libère un bras en reportant tout le poids de son corps sur l'autre, ce qui est vite inconfortable. Des problèmes de corpulence, de douleurs articulaires ou la grossesse sont susceptibles de rendre cette position désagréable, et il faut alors la remplacer par une autre, mieux adaptée.

Mais l'avantage de cette position est de permettre au couple de se voir en face à face, de s'embrasser mutuellement, avec un contact corporel important, une étreinte possible ; et l'homme a, lui, une grande liberté de mouvement des hanches.

La position du bateau ivre :

Dans la quête inaboutie du plaisir, la perte de contrôle est un élément capital, voire primordial. Chaque amant doit apprendre à s'abandonner voluptueusement au bon vouloir de l'autre. Dans la position du bateau ivre, Madame laissera totalement son partenaire diriger seul le gouvernail. L'ancre est levée, au capitaine de guider le navire.

Au bord du lit, Madame s'allonge de manière à laisser ses jambes flotter dans l'air. Couchée sur le dos, elle se laisser aller au bon vouloir de Monsieur. Celui-ci s'agenouille au bord du lit, soulève et écarte les jambes de son amante en lui tenant les chevilles. Dirigeant les opérations, il pénètre la femme et domine largement le va-et-vient.

Commence alors la meilleure partie du jeu sexuel. Tel un capitaine devant son gouvernail, il peut décider de pencher sa partenaire d'un bord à l'autre. Les sensations, au niveau du vagin, s'accordent à celle ressenties par le mouvement. Elle se sent prise comme un navire en mer, subordonnée au moindre caprice des flots. Emportée par un vertige délicieux, elle ne peut cependant oublier la pénétration profonde et très relaxante qu'elle ressent. L'homme, lui, profite d'une large vision de sa partenaire et veut se croire maître de la situation. Il ralentit ou accélère le va-et-vient et peut changer l'inclinaison du bassin de la femme ou l'angle des cuisses. Si cela est nécessaire, un coussin placé sous les fesses de sa partenaire peut servir à faciliter la pénétration.

Le capitaine de navire brave tempêtes et vagues déchirantes, orages et ressacs. Il se maintient jusqu'au bout, jusqu'à l'atteinte du plaisir suprême. La mer se fait alors huileuse, calme et tempérée. La frêle embarcation peut retourner à bon port, avant de repartir vers une autre embarquée pleine de surprises.

__Les petites cuillères__ :

La femme et l'homme s'allongent sur le côté, l'homme dans le dos de la femme, qu'il pénètre virginalement. Si l'homme se plaque contre le dos de sa compagne, l'image de deux petites cuillères emboîtées est évidente.

Cette position présente de grands avantages : comme les deux partenaires sont couchés confortablement, ils peuvent prendre tout leur temps, l'une pour s'abandonner, l'autre pour caresser et embrasser. Les mains de l'homme atteignent les seins, le ventre, le sexe. S'il s'écarte un peu, il peut caresser le dos, les reins, les hanches, les fesses.

N'étant pas contraint à un va et vient rapide pour occuper le temps, l'homme peut profiter de cette position pour s'entraîner à maîtriser son éjaculation : grâce à des mouvements lents doux, ne provoquant qu'une excitation faible, il habituera son organisme aux sensations vaginales. Dans cette position où l'on peut prendre son temps pour jouer avec des nuances de sensations, l'apprentissage est possible, alors qu'il est difficile dans d'autres où l'excitation est plus vive.

Les femmes qui aiment cette position parlent de leur plaisir à se laisser faire, à sentir leur corps se détendre progressivement sous la main de l'autre : elles ont le temps de se vider de leurs soucis quotidiens, se trouvent plus libres de se concentrer sur leur excitation, et de sentir leur désir les envahir peu à peu.

Certaines, cependant, n'aiment pas tourner le dos à leur partenaire, ou, au bout d'un moment, ont envie de passer à l'action, de caresser et d'embrasser à leur tour, de se frotter contre le corps de l'homme. Cette position est donc en général une étape, au début du jeu amoureux. Elle peut être aussi amenée par l'obésité de l'un des deux ou la grossesse de la femme.

Le cheval renversé :

Le cheval renversé est une position qui permet une multiplicité de jeux sensuels et érotiques, tantôt plus confortables et détendus, tantôt plus vifs dans l'excitation. C'est ce qui en fait tout l'attrait.

La femme peut chevaucher l'homme couché sur le dos, et, au lieu de lui faire face comme dans la position d'Andromaque, lui tourner le dos : elle s'assied sur son ventre tout en guidant la pénétration, et celle-ci peut être très profonde.

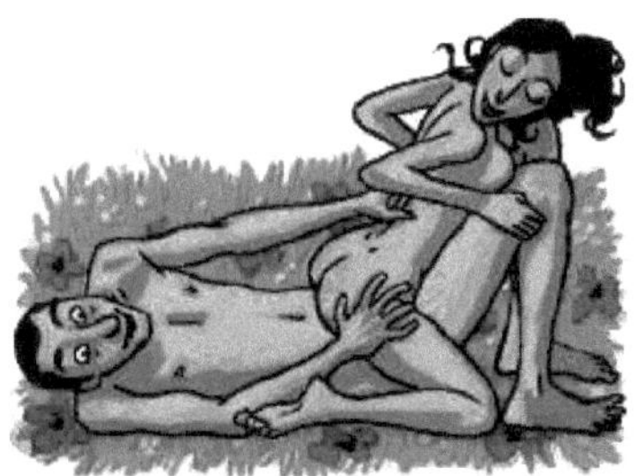

La femme a le choix de rester ainsi, le buste vertical, les mains libres pour caresser les testicules de son partenaire, ou l'intérieur de ses cuisses. Elle-même se laisse caresser le dos, les hanches, les fesses. Des mouvements légers de redressement sur les cuisses soulèvent son tronc et provoquent un va-et-vient du vagin le long de la verge.

Elle peut aussi se renverser en arrière, prenant appui sur ses deux bras, les mains de chaque côté de la tête de l'homme, les cuisses plus ou moins relevées : l'homme peut ainsi caresser plus facilement sa poitrine, son ventre, son clitoris, afin d'accompagner le rythme de son excitation.

Une autre variante consiste, au contraire, pour la femme à se pencher en avant, jusqu'à s'appuyer sur les deux bras, ses mains placées au niveau des pieds de son partenaire. Elle peut alors se concentrer sur les sensations qu'elle se crée en jouant du va-et-vient sur le sexe de son compagnon.

Les vignes enlacées :

La position de pénétration, allongés sur le côté, face à face, permet quelques variantes intéressantes.

La femme et l'homme ont le choix de s'enlacer, afin de serrer leurs poitrines l'une contre l'autre, de s'embrasser le visage, de se caresser le dos et les fesses, ou, au contraire, de s'écarter légèrement, et de se caresser la poitrine et les seins, ou de s'embrasser sur le haut du buste.

Pour les jambes, elles peuvent rester allongées, rendant la pénétration moins profonde : mais le resserrement de ses cuisses offre à la femme, au niveau des lèvres et du clitoris, des sensations qui se renforcent vite avec les mouvements du bassin.

Cependant, certaines préfèrent replier les jambes, et entourer la taille de l'homme avec leurs cuisses, l'une sous lui, l'autre au-dessus. La pénétration est différente, la pression de la verge concernera d'autres régions de la paroi du vagin, suscitant d'autres émotions.

On obtient la position des "vignes enlacées" quand l'homme redresse ses cuisses à angle droit et que la femme garde une jambe étendue entre elles, mais relève l'autre, qu'elle fait passer au-dessus de lui, à sa taille.

Ainsi les deux corps sont à la fois entourant l'autre et enlacés par l'autre, comme les vrilles de la vigne, ce qui renforce l'impression d'intimité et de fusion.

Ces positions n'ont pas pour finalité première de déclencher l'orgasme, chez la femme ou chez l'homme. Généralement, elles permettent de prolonger les étreintes, de varier les caresses et les baisers, comme les mouvements en harmonie des corps.

PARTIE 2 : Les positions face à face :

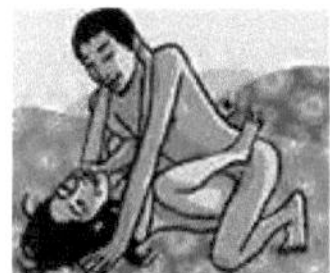

Si vous aimez être face, les yeux dans les yeux, voici quelques variations faciles à réaliser. Ces positions raviront ceux que la vue du corps de l'autre transporte de plaisir. Des sensations nouvelles au rendez-vous.

Cavalier à la barre :

Si la partenaire féminine aime bien être plutôt passive, et se sentir clouée sur sa couche, admirant son beau mâle qui la domine, le "cavalier à la barre" est tout à fait indiqué.

Dans cette position, la femme se couche sur le côté, une jambe allongée sur le lit, l'autre repliée. L'homme s'agenouille à cheval sur la cuisse étendue de la femme ; il redresse l'autre jambe de celle-ci contre son buste, le pied vers son épaule, et la serre d'un bras contre lui. La large ouverture des cuisses permet une pénétration profonde.

De plus, la position est assez confortable pour que le couple prenne tout son temps, sans rien précipiter. Des mouvements rapides dès la pénétration seraient malvenus, comme de croquer de bons raisins frais et de s'imprégner de ses saveurs. Le frottement particulier, dû aux positions respectives des deux partenaires, produit dans le vagin et sur la verge des sensations qui diffèrent sensiblement de celles que l'on ressent quand la pénétration est "dans l'axe". Il faut savoir goûter la différence, ce jeu d'harmonies qui donne tout son prix aux variantes des positions.

Goûter les positions est une affaire de gourmet !

Bien sûr, le contact corporel est peu important dans cette position, on ne peut pas serrer l'autre dans ses bras. Mais les caresses sont possibles : la main libre de l'homme a toute latitude pour caresser les seins, le ventre, la hanche, les cuisses, le clitoris de la compagne.

Celui qui reste à la maison

On appelle ainsi, dans les Kama Sutra (Aphorismes sur l'Amour), une position où la femme déplace son bassin et où l'homme suit ses mouvements en s'efforçant de maintenir sa verge dans son vagin, c'est-à-dire, en somme, en essayant de "rester à la maison" !

Tout d'abord, la femme est allongée sur le dos, cuisses écartées. L'homme est à quatre pattes au-dessus d'elle, les genoux entre ses cuisses à elle.

La femme, prenant appui sur ses épaules et sur ses pieds, soulève son bassin et se fait pénétrer. Une fois les partenaires accouplés, le mouvement peut commencer.

La femme fait onduler ses hanches, jouant avec les sensations que procurent les déplacements de la verge en elle et l'excitation de son clitoris.

Elle peut s'agripper aux épaules de son compagnon, ou bien à ses reins ; se serrer comme si elle arrimait son sexe au sien, ou éloigner son bassin, comme si elle voulait se détacher. Elle peut rester arquée au maximum, ou se détendre et ramener ses fesses pratiquement jusqu'à se poser.

Comme le principe est que l'homme ne doit pas sortir totalement du vagin, il doit, lui aussi, mouvoir ses hanches, en cherchant à accompagner les déplacements du bassin de la femme.

Attentifs l'un à l'autre, aux mouvements de l'autre, à leurs propres sensations érotiques génitales, les deux corps dansent, s'écartant et se rapprochant, se fuyant et se retrouvant, sur un rythme dont les variations font tout l'attrait : trop lent et provoquant la frustration, régulier et faisant monter la tension, rapide pour des sensations plus aiguës.

Il s'agit donc d'une position où la complicité entre les partenaires est primordiale, avec l'envie, pour l'un comme pour l'autre, de prendre son temps et de trouver le plus grand plaisir possible dans le jeu, en variant les tensions et les excitations.

L'écrin à bijoux :

Lascivité et contemplation s'associent volontiers à la relation amoureuse. Dans la posture dite "L'écrin à bijoux" qu'on appelle aussi "A la paresseuse", point n'est besoin d'être sportif, seulement tendre et sensuel !

L'étreinte de "l'écrin à bijoux" est particulièrement rassurante, lors des premiers jours d'une relation, lorsque le sexe est source d'anxiété entre les deux amants.

Dans cette position, les deux partenaires sont étendus sur le flanc, face à face. Avant la pénétration, ils s'embrassent et explorent leurs corps ; leurs langues se cherchent, lèchent le ventre et le sexe de l'autre, taquinent ses bouts de seins ; les mains se joignent ou partent à la découverte des recoins de peaux les plus tendres ; les doigts stimulent le clitoris et le mont de Vénus, les testicules et la verge jusqu'à ce que les deux sexes, au paroxysme du désir, ne résistent plus à se mêler dans la pénétration.

L'homme, une jambe allongée sur la couche, replie l'autre jambe et la glisse sur la jambe d'appui de la femme, elle aussi allongée ; ils sont ainsi cuisse contre cuisse. La femme soulève la deuxième jambe et la replie de façon à laisser reposer le pli de son genou sur la hanche de l'homme. Ainsi, les deux partenaires, jambes entremêlées dans une position quasi-symétrique, enferment leur sexe dans un "écrin" protecteur.

Quand l'homme pénètre la femme, il le fait doucement, parce que, dans cette position, la vulve est seulement entrouverte et l'entrée du vagin étroite.

Il peut continuer de jouer avec son pénis, et exciter davantage le clitoris, en restant aux confins de la vulve, pendant que les bouches s'embrassent et que les bras s'enlacent. D'ailleurs, si l'homme se décale légèrement vers le haut du lit, le contact de sa verge avec le clitoris n'en sera que plus intime.

L'offrande secrète

Il existe des positions où un geste banal de la femme, une légère variante de position, une façon imprévue de modifier un mouvement, un rien, en somme, l'amène à découvrir son sexe d'une façon inhabituelle. Comme si elle désirait à la fois l'offrir à son amant et en même temps n'osait pas par pudeur le dévoiler franchement. Comme si elle voulait que son offrande reste secrète.

Il en est ainsi quand la femme prend la position banale allongée sur le côté, avec les jambes bien étendues : il lui suffit de replier la jambe qui n'est pas contre le lit, genou ramené vers la poitrine, pour offrir discrètement son sexe à une pénétration aux sensations originales.

L'homme séduit par cette invite se met à genoux, à cheval sur la cuisse étendue, puis se penche en avant pour s'appuyer sur les mains de chaque côté du buste de sa partenaire.

La pénétration se fait donc de côté, et l'effet des frottements pour le vagin comme pour la verge est bien différent de celui que procure une pénétration nettement de face ou de dos.

Si l'homme a les bras musclés, il aura du temps pour un va et vient lent et maîtrisé, le plus adapté pour goûter les sensations nouvelles que le couple découvre.

Mais si la fatigue vient, de multiples variantes permettent facilement de reposer les bras, avant de vouloir retrouver des sensations auxquelles il est difficile de renoncer.

Cette position ne permet pas un important contact corporel. Mais l'on voit le visage de l'autre, son désir et son émotion ; on peut échanger des regards, des baisers. La femme peut tout oublier et se concentrer sur ce que vit son vagin.

La chaise longue :

La chaise longue, cette invention digne des meilleures vacances, est beaucoup plus commode que la position sexuelle qui porte son nom. Mais le plaisir ressenti, surtout pour la femme, va bien au-delà des espérances. Comment tenter l'expérience d'une position difficile mais très enivrante ?

Attention, cette chaise longue ne reproduit pas le confort des sièges disposés au bord des piscines des hôtels luxueux. Même si le lit est un support agréable, c'est un autre voyage auquel cette position sexuelle convie ceux qui voudront bien s'adonner aux acrobaties de la chaise longue érotique.

C'est à la femme de prendre l'initiative. Allongée sur le lit, elle se relève délicatement en prenant appui sur des coussins qu'elle aura préalablement disposés derrière son dos. Son partenaire place ses jambes de chaque côté, entourant ainsi la femme de sa présence rassurante. Elle pourra donc mettre chacune de ses cuisses sur les épaules de son amant. Celui-ci devra prendre appui sur ses mains. La chaise longue est installée.

Limité dans ses mouvements par un tel appui, et par les jambes de son amante, l'homme ne peut que difficilement déplacer son bassin de haut en bas. C'est donc à sa partenaire de diriger les opérations. Elle effectuera les principaux mouvements de va-et-vient, l'homme pouvant, de temps en temps, participer à l'action. Son rôle limité consiste à donner de l'élan à sa partenaire en soulevant le bassin en même temps qu'elle effectue des mouvements enchanteurs.

Ainsi, maîtresse des règles du jeu, la femme décide de la profondeur de la pénétration et de la rapidité des ondulations. Les sensations au niveau du pubis sont décuplées, et le pénis frotte la zone vaginale qui provoquera le plus de plaisir à sa partenaire. La femme pourra, si elle dispose d'assez d'énergie, toucher son clitoris en même temps qu'elle se laisse délicieusement pénétrer. L'orgasme, dans cette position de la chaise longue, est donc à la portée de toute femme énergique.

Dans cette position qui peut être éreintante, quelques minutes suffisent pour éprouver très vite un plaisir rare. L'homme saura donc ensuite reprendre les choses en main, changeant de position, afin que, lui aussi, puisse connaître autant de satisfaction que sa partenaire.

<u>La fleur éclatée :</u>

Fruits ou fleurs, c'est souvent ainsi que le langage poétique de l'Anagaranga désigne les postures amoureuses. Pour les poètes André Breton et Paul Eluard, la fleur éclatée devient une orchidée. Est-ce parce qu'avec ses pétales en forme de petites lèvres, elle évoque une vulve offerte ? Quoi qu'il en soit, vous n'aurez aucune difficulté à réaliser ce tableau floral qui vous permet de vous observer mutuellement pendant l'accouplement.

Etendue sur le dos, la femme replie les jambes sur son ventre jusqu'à ce que ses genoux s'approchent des seins. L'homme s'agenouille au-dessus d'elle et la pénètre doucement. Les pieds de la femme sont placés de part et d'autre des reins de son partenaire.

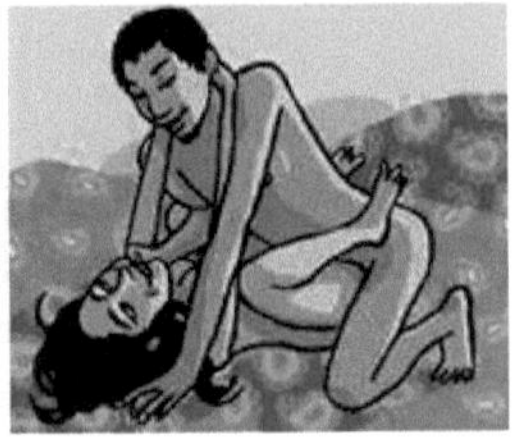

Dans cette posture, l'homme, qui n'a pas besoin de ses mains pour maintenir l'équilibre, peut câliner ou contempler comme il le désire le visage, les épaules ou les seins de la femme aimée, ajoutant à l'excitation sexuelle la sensualité de ses caresses et de ses attouchements. La femme, libre aussi de ses mouvements de mains aura plaisir à tenir la tête de son amant, et caresser ses bras ou ses épaules. C'est donc une union très tendre que propose cette fleur éclatée.

Le mouvement de va-et-vient stimule le clitoris, grâce aux frottements sur celui-ci de la base du pénis. L'angle de pénétration de la verge la met en contact avec la paroi frontale du vagin, une zone particulièrement sensible du sexe féminin, dont l'excitation pourra conduire la femme à l'orgasme.

La femme, au cours de l'étreinte, exerce, si elle le souhaite, quelques mouvements d'oscillation du bassin dont le rythme sera calqué sur celui de l'homme, dans un "tangage" délicieusement érotique. L'homme, guidé par les manifestations de plaisir de sa partenaire, bouge librement en variant la cadence et la profondeur de la pénétration, puis, se laissant emporter par le flot des sensations, accélère son balancement jusqu'au "bouquet" final.

La position du missionnaire :

La position du missionnaire est la plus utilisée dans notre civilisation. Cela lui vaut une réputation de position banale, routinière. Mais elle reste, pour de nombreux couples, rassurante, procurant des sensations vives, servant de mise en route pour l'excitation, ou au contraire de position finale pour s'abandonner à la jouissance.

La position amoureuse

Dans cette position en face à face, l'homme occupe la place supérieure et la femme est allongée sur le dos.

L'homme est couché sur sa partenaire : cependant, habituellement, pour ne pas l'écraser, il ne se laisse pas aller de tout son poids, mais prend appui sur ses coudes et sur ses genoux. Le plus souvent, les jambes de l'homme sont entre celles de la femme, qui sont légèrement pliées. La femme cherche à obtenir le meilleur contact entre son clitoris (ou la région clitoridienne) et le pubis de son partenaire afin d'avoir, pendant les mouvements, la stimulation génitale la plus efficace. Pour cela, elle peut être amenée à plier davantage les genoux, ou à les ramener vers ses épaules, à placer ses jambes sur les épaules de l'homme ; ou encore à entourer le tronc de l'homme avec ses jambes, en joignant les pieds dans son dos.

Variantes du missionnaire

Certaines utilisent un oreiller posé sous les reins ; pour d'autres, la stimulation reste insuffisante si elles n'insèrent pas leur main entre les deux corps pour augmenter la pression sur leur clitoris. Selon la conformation physique de l'un et de l'autre, la solution est différente pour chaque couple ; de plus, il peut être intéressant de varier la posture pour varier les sensations.

La pénétration peut survenir lors des mouvements, ou bien l'un des deux peut tenir la verge et la guider. Dans cette position, la femme est moins libre de ses mouvements, son bassin bloqué par le poids de l'homme ; les baisers sont assez limités au visage, au cou et aux épaules et les caresses de l'homme ne sont possibles que s'il libère un bras en reportant tout le poids de son corps sur l'autre, ce qui est vite inconfortable. Des problèmes de corpulence, de douleurs articulaires ou la grossesse sont susceptibles de rendre cette position désagréable, et il faut alors la remplacer par une autre, mieux adaptée.

Mais l'avantage de cette position est de permettre au couple de se voir en face à face, de s'embrasser mutuellement, avec un contact corporel important, une étreinte possible ; et l'homme a, lui, une grande liberté de mouvement des hanches.

La position du bateau ivre

Dans la quête inaboutie du plaisir, la perte de contrôle est un élément capital, voire primordial. Chaque amant doit apprendre à s'abandonner voluptueusement au bon vouloir de l'autre. Dans la position du bateau ivre, Madame laissera totalement son partenaire diriger seul le gouvernail. L'ancre est levée, au capitaine de guider le navire.

Au bord du lit, Madame s'allonge de manière à laisser ses jambes flotter dans l'air. Couchée sur le dos, elle se laisser aller au bon vouloir de Monsieur. Celui-ci s'agenouille au bord du lit, soulève et écarte les jambes de son amante en lui tenant les chevilles. Dirigeant les opérations, il pénètre la femme et domine largement le va-et-vient.

Commence alors la meilleure partie du jeu sexuel. Tel un capitaine devant son gouvernail, il peut décider de pencher sa partenaire d'un bord à l'autre. Les sensations, au niveau du vagin, s'accordent à celle ressenties par le mouvement. Elle se sent prise comme un navire en mer, subordonnée au moindre caprice des flots. Emportée par un vertige délicieux, elle ne peut cependant oublier la pénétration profonde et très relaxante qu'elle ressent. L'homme, lui, profite d'une large vision de sa partenaire et veut se croire maître de la situation. Il ralentit ou accélère le va-et-vient et peut changer l'inclinaison du bassin de la femme ou l'angle des cuisses. Si cela est nécessaire, un coussin placé sous les fesses de sa partenaire peut servir à faciliter la pénétration.

Le capitaine de navire brave tempêtes et vagues déchirantes, orages et ressacs. Il se maintient jusqu'au bout, jusqu'à l'atteinte du plaisir suprême. La mer se fait alors huileuse, calme et tempérée. La frêle embarcation peut retourner à bon port, avant de repartir vers une autre embarquée pleine de surprises.

La position du compas :

Ouvrez vos horizons ! Il existe des positions du Kamasutra où l'homme se retrouve sur la femme tout en écartant ses jambes. C'est la position du compas, où monsieur se retrouve à cheval sur madame pour devenir le plus zélé des cavaliers.

Et si, pour une fois, Andromaque devenait Hector ? Si Monsieur décidait d'être au-dessus, sans pour autant devenir un zélé missionnaire. Dans la position du compas, l'amant réussit à être sur sa partenaire tout en étirant les jambes autour d'elle. Pas facile, mais réalisable.

Pour cela, Madame se couche sur le lit mais relève son buste en se tenant sur ses deux mains. Monsieur s'assoit sur elle en prenant soin d'écarter ses jambes tendues pour l'entourer. Il tient son fragile équilibre en posant ses mains sur les épaules de son amante. Dont il peut également se servir pour renforcer son élan et accélérer la cadence. Ainsi positionné, il peut débuter la pénétration. Madame doit donc écarter également ses jambes pour le laisser se frayer un passage vers son vagin. Elle sentira alors le sexe comprimer son **Point G** et le bas ventre de Monsieur frotter son **Clitoris.** Elle peut ensuite refermer les jambes pour donner plus de sensations à son partenaire et emprisonner la source du plaisir.

La position du compas, finalement, ressemble à l'instrument du géomètre. Chacun choisit l'angle que prendront ses jambes. Monsieur peut les détendre ou les tendre pour plus de confort ou plus de force, et Madame variera ainsi la force de la pénétration. Toujours est-il que, dans tous les cas, cette position exige une force surhumaine. L'amant risque de regretter de ne pas fréquenter suffisamment la salle de sports. Sinon, il aura la capacité d'abandonner son maintien des mains pour caresser sa partenaire et stimuler son Clitoris.

Formant une étoile avec leurs jambes, le couple s'unit ici seulement par leurs sexes. Car la position du compas ne favorise pas le contact, si ce n'est quelques baisers passionnés. Pour amateurs de sexe avertis, néanmoins, ce Kamasutra se révèle très original et devient le prétexte pour d'inédits jeux sexuels.

<u>Le lotus renversé :</u>

On raconte que les compagnons d'Ulysse, après avoir savouré les fruits du lotus en oublièrent leur patrie. Mais l'histoire ne dit pas quelle était réellement la nature du fruit magique offert par les Lotophages ! Si le lotus évoque pour vous l'univers troublant du sexe, laissez-vous tenter par le fruit du plaisir et de l'oubli !

La posture du lotus renversé, une des nombreuses variantes décrites dans le recueil du cheikh Nefzaoui : "Le Jardin parfumé", est recommandée aux hommes qui pensent avoir un petit pénis.

La femme est allongée sur le dos. Cuisses écartées, elle saisit ses chevilles et soulève son bassin, comme si elle voulait faire une roulade arrière. Dans cette position qui exige de la souplesse, il est vrai, son vagin est relevé ; son sexe largement ouvert est prêt à accueillir son partenaire. L'homme pose ses mains de part et d'autre de la tête de sa compagne, s'agenouille au-dessus d'elle et la pénètre alors facilement. Il peut varier à volonté le rythme de son va-et-vient : tantôt lent et en douceur, tantôt plus rapide, il joue avec son pénis comme avec un crayon qui dessinerait les paysages intérieurs et mystérieux du sexe féminin.

Que la verge reste à l'entrée du vagin, qu'elle s'y promène avec légèreté, ou qu'elle s'y enfonce plus profondément, au gré du plaisir exprimé par chacun, c'est à l'homme de composer la mise en scène : sa situation lui donne une grande liberté dans ses mouvements de reins et lui permet de prolonger le coït. Mieux vaut tout de même veiller à ce qu'il soutienne de ses cuisses les fesses de sa partenaire, pour pallier à la position inconfortable de celle-ci.

En maîtrisant la pénétration, l'homme procure à la femme une jouissance variée : l'excitation de la vulve, par frottement du pubis de son partenaire contre son sexe, se diffuse jusqu'au clitoris ; s'y ajoute l'excitation vaginale, due à la fois aux frottements du pénis contre la paroi très sensible de l'entrée du vagin, et aux jeux de l'homme qui attise le désir de sa partenaire, en ralentissant ses mouvements, voire en les interrompant, pour mieux réaccélérer et la faire crier de plaisir.

La femme dispose de tout le temps nécessaire pour parvenir à l'orgasme. Passive par nécessité - elle doit garder la posture - elle découvrira la délicatesse d'une relation sexuelle fondée sur les contrastes de rythmes et les nuances dans les sensations.

Le moulin à vent

Les ailes du moulin tournent, montent et descendent, dans le frémissement du vent. Imaginez ces ailes rythmant, au gré de vos balancements, la brise ou la tempête de l'amour.

Le moulin à vent, c'est l'une des innombrables variations de la posture du missionnaire : les jambes de la femme, mimant la mécanique d'un moulin, modifient sans cesse les points de contacts du pénis et du vagin, et vous permettent, à chaque instant, de découvrir une nouvelle zone sensible de votre sexe : l'homme y éprouvera des sensations originales, la femme apprendra à mieux se connaître. Mais l'avantage de cette posture, c'est qu'elle suscite une tendresse particulière entre les amants.

La femme s'étend sur le dos, s'appuie sur les avant-bras, la nuque redressée, les jambes légèrement repliées ; si elle le désire, elle place un coussin sous ses fesses, de façon à relever confortablement son bassin et présenter son vagin selon l'angle qui permettra le mieux à son amant d'effectuer une pénétration profonde.

L'homme s'agenouille au-dessus d'elle et guide son pénis à l'intérieur du vagin. La femme lève alors alternativement une jambe repliée puis l'autre, jusqu'à la hauteur des reins de son partenaire sur lesquels elle les repose un instant, faisant "tourner les ailes du moulin", comme on "pédale" lors des mouvements abdominaux dits du vélo ; le battement est régulier et ne doit jamais s'interrompre au cours du coït ; il est accompagné des va-et-vient modérés de l'homme.

La position du néophyte :

La position du néophyte s'apparente à une cérémonie d'introduction au plaisir pour l'homme qui doit dominer sa partenaire. La femme n'a d'autre alternative que de subir les assauts de son amant, qui doit apprendre, par cette position, à devenir un véritable professionnel du sexe.

Les premières expériences sexuelles du couple ne doivent pas être un blocage ! La position du néophyte, c'est celle d'un inexpérimenté qui doit apprendre très vite en s'adonnant naturellement à son compagnon. Celle du jeune homme confiant et optimiste. Chacun doit se découvrir avec gaieté sûr de lui et capable d'exécuter les meilleures prouesses en matière de jeux, érotiques ou non.

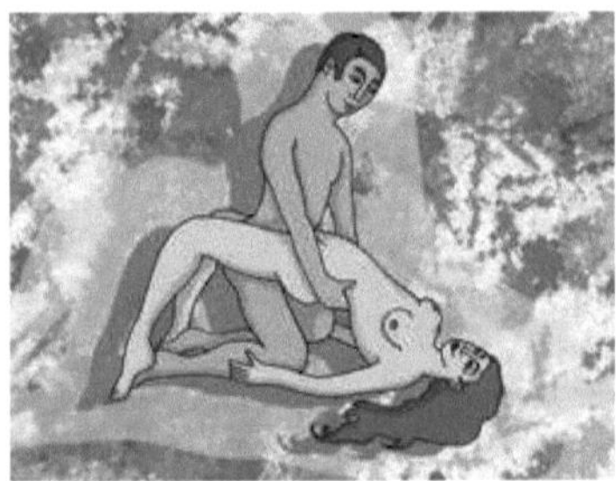

Ici, le néophyte dépose délicatement la femme sur le lit. L'homme la prend par le bassin, elle s'appuie sur la tête et les épaules. Ses orteils touchent à peine le lit. L'homme, en face d'elle, se tient sur les genoux fermement et guide le vagin vers son sexe. Il est le seul maître du va-et-vient ; la femme, dans cette position, n'ayant aucune amplitude de mouvement. De sa position dominante, l'homme peut ainsi admirer sa partenaire mais se retrouve également coincé, limité par l'emprise des bras et la difficulté de la pénétration.

Si cette position est parfaite pour amener une excitation rapide, elle est néanmoins très fatigante. L'homme ne peut soutenir plus de quelques minutes et la femme souffre vite de courbatures à cause de l'inconfort. L'homme peut donc faire évoluer la position en s'agenouillant, permettant à sa partenaire d'être plus à l'aise. Le néophyte s'avère donc être une parfaite position de transition, entre celle où l'homme dominera et une autre où la femme prendra le dessus. De quoi respecter l'équité !

Le tendre amant :

Allier plaisir et complicité, n'est-ce pas tout ce que l'on attend d'une position sexuelle ? Pour un couple, la position du tendre amant correspond à cet idéal : un fort contact corporel, une pénétration intense et des instants de tendresse complices. Ou comment unir l'amour au plaisir physique.

Alors que la femme ressent les doux émois d'un acte sexuel aimant et fort, son tendre amant l'embrasse pour lui signifier son amour. Cette position du tendre amant est parfaite pour les couples qui ont besoin de se rapprocher, et les femmes qui se sentent délaissées.

L'amante est allongée, jambes écartées et genoux pliés. Son cher et tendre se glisse entre ses cuisses et lui soulève le bassin pour la pénétrer. Il doit pour cela diriger ses jambes vers les épaules de sa femme. Prenant de ses mains la taille de sa partenaire, il élève le corps de sa femme et lui dépose de doux baisers sur le ventre.

Si l'exercice est un délicieux préliminaire, l'homme ne peut néanmoins rester indéfiniment dans cette position. Son dos, s'il n'est pas souple, peut bien se retrouver en position lumbago. Les deux partenaires devront donc, si Madame souhaite que Monsieur reste son tendre amant, faire des efforts. En ondulant le bassin, la femme peut varier l'intensité du plaisir et décupler les sensations de Monsieur, car pour le tendre amant, la pénétration reste limitée. Il peut, pour faire de sa partenaire une femme épanouie, approfondir le va-et-vient, permettant de stimuler son **Point G** ainsi que son **Clitoris** par son os pelvien.

En bousculant le quotidien, la position du tendre amant permet également de développer la complicité du couple. Le contact corporel est intense, même si cette position ne permet pas totalement de disposer d'une véritable liberté de mouvement. Elle conviendra donc à ceux qui ne peuvent être totalement souples dans le lit, comme les personnes corpulentes ou les femmes enceintes. Mais la position du tendre amant conviendra aussi et surtout à tous les couples, tant qu'ils restent unis dans l'amour.

Le vol des mouettes

Au cours des relations sexuelles, il n'est guère possible de contempler toute l'anatomie de l'être aimé. Pour celui que la vue des seins transporte de plaisir, la posture du vol des mouettes est idéale. La poitrine de la femme s'étale devant l'homme, à portée de caresses et baisers ; l'absence d'effort physique nimbe le visage de l'amante d'une douceur que l'homme aura plaisir à métamorphoser en rictus de jouissance, au cours du coït.

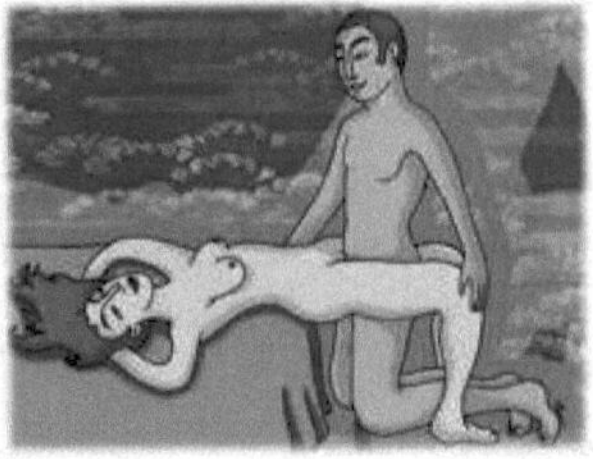

La femme repose confortablement à plat dos sur le matelas, de la tête jusqu'au bassin. Ses fesses sont à moitié hors du lit. Ses pieds posés à terre évitent qu'elle ne glisse ; ses cuisses écartées offrent sa vulve de façon très suggestive à son partenaire qui en sera probablement excité. Qu'il ne se presse pas, pourtant ! Il s'agenouille entre les cuisses de la femme et peut précéder la pénétration d'un cunnilingus ou d'autres stimulations qui attiseront le désir de chacun : par exemple guidant son pénis manuellement, l'homme en caresse le pubis de la femme, qui, au comble de l'excitation, réclamera d'être pénétrée.

L'homme étant agenouillé, son buste reste droit ; ainsi sa verge est parallèle au vagin qu'elle pénètre maintenant. Cet angle assez inhabituel - généralement dans les postures où l'homme chevauche la femme, le pénis a un mouvement descendant - procure des sensations fortes et inédites à chacun. L'homme effectue des mouvements vigoureux qui "transpercent" la femme. Celle-ci ne peut guère bouger, mais peut tout de même accompagner de quelques balancements des fesses les coups de reins de son partenaire. Pour la femme, cette position est avantageuse, puisque les muscles du dos, pour une fois, ne sont pas sollicités.

Le vol des mouettes, par le plaisir intense qu'il provoque, est une façon originale de s'accoupler. Cette posture, en associant la tendresse du regard et des caresses à la fougue des désirs conjugués, renforce la relation amoureuse.

Les vignes enlacées

La position de pénétration, allongés sur le côté, face à face, permet quelques variantes intéressantes.

La femme et l'homme ont le choix de s'enlacer, afin de serrer leurs poitrines l'une contre l'autre, de s'embrasser le visage, de se caresser le dos et les fesses, ou, au contraire, de s'écarter légèrement, et de se caresser la poitrine et les seins, ou de s'embrasser sur le haut du buste.

Pour les jambes, elles peuvent rester allongées, rendant la pénétration moins profonde : mais le resserrement de ses cuisses offre à la femme, au niveau des lèvres et du clitoris, des sensations qui se renforcent vite avec les mouvements du bassin.

Cependant, certaines préfèrent replier les jambes, et entourer la taille de l'homme avec leurs cuisses, l'une sous lui, l'autre au-dessus. La pénétration est différente, la pression de la verge concernera d'autres régions de la paroi du vagin, suscitant d'autres émotions.

On obtient la position des "vignes enlacées" quand l'homme redresse ses cuisses à angle droit et que la femme garde une jambe étendue entre elles, mais relève l'autre, qu'elle fait passer au-dessus de lui, à sa taille.

Ainsi les deux corps sont à la fois entourant l'autre et enlacés par l'autre, comme les vrilles de la vigne, ce qui renforce l'impression d'intimité et de fusion.

Ces positions n'ont pas pour finalité première de déclencher l'orgasme, chez la femme ou chez l'homme. Généralement, elles permettent de prolonger les étreintes, de varier les caresses et les baisers, comme les mouvements en harmonie des corps.

Tape-cul :

Un coup en haut, un coup en bas, un coup en haut… Projeté(e) en position haute, on décolle de la planche, comme une crêpe, puis, d'un coup de rein vigoureux on redescend à terre. Souvenez-vous de cette balançoire de votre enfance pour la transformer en jeu amoureux et expédier votre partenaire dans les hauteurs du 7ème ciel !

Il est des postures amoureuses où chacun œuvre au plaisir de son amant, et où la passivité n'est pas permise. Dans la posture du tape-cul, c'est à chacun son tour d'agir. Avant tout un jeu, cette posture, qui fait travailler les muscles abdominaux, permet des variations, au gré de votre excitation et de votre plaisir.

Au sol ou sur un lit, les deux amants s'installent face à face, et allongent leurs jambes en position écartée. Pour plus de commodité, les jambes de la femme sont au-dessus de celle de l'homme, son bassin légèrement en bascule vers le haut. Ainsi placés, les amants étendent leurs bras en avant jusqu'à ce que leurs doigts se joignent, et s'attirant l'un l'autre rapproche leurs fesses de façon à ce que leurs sexes se touchent.

Pour commencer, la femme repose ses épaules par terre ou sur sa couche, l'homme reste en position assise, le buste redressé ; les amants se tiennent par les mains, leurs bras sont tendus. Après avoir lubrifié son pénis avec de la salive ou de l'huile d'olive, l'homme l'introduit dans le vagin de sa compagne qui, dans cette position, est grand ouvert. Puis, sans jamais lâcher les mains de sa partenaire, il se laisse à son tour tomber en arrière, tandis que la femme, aidée par la traction de ses bras, redresse son buste : du fait de la tension musculaire des abdominaux et du périnée, le vagin se resserre sur le pénis, ce qui augmente la friction de celui-ci sur la face interne du sexe féminin, et rend le coït d'autant plus voluptueux.

PARTIE 3 : Les positions de dos

Lors de certaines pratiques sexuelles, la femme présente son dos à son partenaire. Si la levrette est la plus connue, il en existe de très nombreuses. Découvrez sans attendre ces variations qui permettent de pimenter votre vie sexuelle.

L'arc-en-ciel :

"Arc-en-ciel du matin, Fontaine le soir ; arc-en-ciel du soir, Fait du bon temps prévoir". Si l'on en croit les dictons populaires, l'arc-en-ciel est présage d'averse. Mais qui se plaindrait de la pluie de deux sexes unis ? Pour cette météo originale, donc, ne craignez ni la violence de l'orage ni la douceur d'une ondée de plaisir !

La posture de l'arc-en-ciel est bien moins relaxante que d'autres postures latérales. Elle exige, en outre, une attention particulière pour la réaliser ; mais une fois en place, quel spectacle !

Si vous disposez d'un miroir au-dessus ou devant de votre lit, vous en apprécierez la chorégraphie ; la complexité dans l'imbrication des corps de l'homme et de la femme en fait une posture sculpturale !

La femme se couche sur un côté, les jambes allongées. L'homme, sur le flanc également, se glisse entre les cuisses de la femme, tête bêche, jambes tendues. Sa partenaire a maintenant une cuisse appuyée sur la hanche de son amant, l'autre jambe reposant sur la couche.

L'homme pénètre la femme, jambes serrées ; il replie son buste, de sorte que ses mains peuvent s'agripper aux épaules de sa compagne, pour la maintenir et la caresser. Celle-ci attrape les pieds de l'homme ou ses chevilles, et les tire vers elle : dans cette position, appelée aussi "l'arc bandé" l'homme est l'arc, la femme est la flèche.

L'angle de pénétration de la verge est assez inhabituel, puisque les deux corps sont inversés l'un par rapport à l'autre. Du coup les sensations de la femme sont nouvelles, le pénis frotte latéralement contre son vagin dont l'ouverture est resserrée.

Pour l'homme, comme chaque fois qu'il est "à l'étroit", le plaisir vient des frottements du pénis sur toute sa longueur contre les muqueuses vaginales humides et brûlantes.

L'étreinte du panda

Pour s'unir dans cette étreinte, la femme et l'homme s'allongent de tout leur long sur le côté, en se faisant face, mais en tête-bêche, le visage de la femme devant les jambes de l'homme, et inversement. Une position très riche de sensations.

Quand elle est suffisamment excitée, quand son vagin est bien lubrifié et permet la pénétration, la femme replie ses jambes : glissant l'une sous le corps de l'homme et passant l'autre au-dessus, elle enserre le bassin de son partenaire et se fait pénétrer en se collant contre lui.

Jouir de la vue et des caresses

L'homme a alors sous les yeux les fesses de la femme, bien écartées, et laissant admirer son bassin. Ses mains sont libres pour une grande variété de caresses qui n'oublieront pas les hanches ni les cuisses.

La balançoire :

Nul besoin d'équipement mobilier particulier pour cette balançoire-là ! Laissez juste vos rêves se balancer au rythme de vos souvenirs ! Rappelez-vous la balançoire qui s'élançait dans les hauteurs grâce à vos vigoureux coups de reins et souvenez-vous comme vous frissonniez de plaisir !...

Dans la posture de la balançoire, la femme, au-dessus de l'homme, lui tourne le dos. Celui-ci, en position assise, étend les jambes en les écartant légèrement, incline le buste vers l'arrière en s'appuyant sur ses mains placées derrière lui, bras à peine fléchis. La femme s'agenouille sur lui, les jambes repliées de part et d'autre de ses cuisses, et guide d'une main le pénis vers l'entrée de son vagin.

Durant le coït, les deux partenaires jouent lentement de déhanchements et de coups de reins, imitant ainsi le mouvement que l'on fait pour se balancer ; la femme le buste incliné vers l'avant, les mains se cramponnant aux cuisses de l'homme, accompagne naturellement ses coups de reins de roulements d'épaules, offrant ainsi le spectacle charmant de l'ondulation de son corps.

A chaque fois, qu'elle s'incline, elle entraîne le pénis qui va et vient dans son vagin. Les mouvements de l'homme sont restreints, et se limitent à soulever légèrement le bassin, tout en fléchissant les jambes pour accompagner son balancement ; de ce fait s'exerce une pression de son pubis contre celui de la femme, provoquant chez les partenaires une excitation des plus agréables. La femme peut se redresser, se pencher à nouveau, se laissant porter par ses propres sensations.

Etant donnée sa position, elle ne peut compter sur le regard pour mesurer l'intensité du plaisir de l'homme ; cependant, elle est guidée par ses gémissements ou ses râles de plaisir, ainsi que par la raideur de sa verge. L'homme, ayant besoin de prendre appui sur ses mains pour maintenir l'équilibre, ne peut exprimer son amour par des caresses : le caractère spécifiquement sexuel du rapport entre les deux amants accentue leurs perceptions, qui se concentrent sur le bas-ventre, devenu l'unique source de jouissance.

La belle endormie

Tandis que sa tendre bien aimée dort, c'est un bonheur pour l'amant de ressusciter son sexe au plaisir ! Pour celle qui s'éveille, quelle surprise délicieuse de se sentir inondée de désir, ou même le corps déjà envahi par son amoureux !

Il faut avoir connu l'insomnie amoureuse, pour comprendre à quel point le corps de l'aimée endormie exalte le désir physique de celui qui l'observe. Alors que la femme s'est assoupie, épuisée de plaisir (ou simplement après une journée fatigante), l'homme, tenu éveillé par l'excitation sexuelle, éprouve l'envie de jouer avec le corps de sa maîtresse. A moins que la rejoignant tardivement au lit, il s'émerveille de son corps abandonné au sommeil. Pas de précipitation, surtout ! Même si son pénis dressé est prêt à la pénétrer, il se garde de brusquer sa partenaire ; retenant une jouissance hâtive, il savoure le spectacle de ce corps alangui. Il stimule lentement le sexe féminin avec la bouche ou la main huilée de beurre de karité ou d'huile d'olive ; il goûte chaque recoin intime de la femme : les petites lèvres, le clitoris qui gonfle sous ses caresses, la tendre peau périnéale. Il promène délicatement sa langue sur la vulve qui s'échauffe et rougit, la glisse jusqu'à la pénétration du vagin. Même si elle ne s'éveille pas encore, la femme s'ouvre déjà au plaisir.

Sur une belle endormie, toutes les caresses sont bienvenues. Ses bouts de seins se tendent sous les baisers ; sa peau est plus veloutée ; ses traits de visage détendus ont oublié soucis et contrariétés ; ses cheveux s'éparpillent joliment sur l'oreiller ; ses muscles relâchés la disposent à la jouissance.

La brouette

Qui n'a joué à promener sur l'herbe ou sur le sable un camarade dont il soutenait les jambes, tandis que celui-ci s'appuyait sur les mains pour avancer ? La brouette, que je vous propose aujourd'hui, ajoute au jeu de notre enfance le plaisir érotique ! Pour les amoureux, donc, voici une manière originale de s'unir ailleurs qu'au lit, et - pour vous, mesdames - une façon inédite de visiter les lieux de vos ébats.

Bien entendu, ne choisissez pas, pour l'essayer, un jour où vous êtes fatigué : la brouette exige une participation active des deux partenaires.

Pour commencer, la femme pose ses avant-bras sur des coussins de part et d'autre de la tête. A quatre pattes sur le tapis ou le carrelage, elle offre au regard de l'homme le spectacle affriolant de sa croupe redressée. Debout derrière elle, il se saisit alors de ses chevilles, soulève ses fesses et serre les cuisses de sa partenaire contre ses hanches ; puis, se fléchissant autant que nécessaire, il la pénètre vigoureusement par le vagin ; la femme a maintenant le buste soulevé, les jambes repliées sous elle, genoux sur la poitrine. La particularité de cette posture acrobatique, est de combiner efforts gymniques et sensations fortes : car la pénétration est profonde et violente. Les frottements rapides de la base de la verge et des testicules de l'homme contre le pubis provoquent excitation et plaisir chez la femme. L'effet de la verge, qui semble "défoncer" son vagin, précipite l'orgasme. L'homme appréciera d'être celui qui domine et dirige sa partenaire, la rudoyant jusqu'à l'assouvissement. Dans le feu de l'action, la femme peut se déplacer à travers la pièce, encourageant ainsi l'homme à accélérer le va-et-vient de sa verge. Les contacts corporels entre l'homme et la femme sont limités, mais la tension musculaire, qu'impose la position, polarise le plaisir sur la vulve et le pénis.

Cependant, cette posture s'avère parfois difficile à garder jusqu'à l'éjaculation, parce qu'il faut se concentrer sur l'équilibre à tenir ; si nécessaire, l'homme, sans risquer de s'interrompre au paroxysme du plaisir, dépose les jambes de la femme à terre, et continue en levrette.

Peut-être jugerez-vous la posture de la brouette complexe, mais vous apprécierez le dynamisme et l'intensité qu'elle donne à l'acte sexuel.

La chaise à bascule

Alors que la femme fait tous les efforts, l'homme lui dépose de tendres baisers sur le dos pour l'encourager. Une position pour amants courageux, souples et en quête de sensations fortes.

Comme sur une chaise à bascule, le point d'équilibre est difficile à trouver dans cette position sexuelle. C'est en même temps tout l'intérêt des deux amants, qui apprennent ainsi à perdre le contrôle et à s'abandonner au plaisir.

La femme, courbée en avant, est dans une posture demi-assise, jambes écartées. Elle tient les pieds de son partenaire pour ne pas tomber. Elle est de dos à l'homme, qui la maintient entre ses bras. Les amants peuvent ainsi garder l'équilibre sans pour autant véritablement favoriser la pénétration. Car, dans la position de la chaise à bascule, c'est à la femme assise de prendre les rênes. Elle guide la pénétration et sa vitesse. Si, néanmoins, elle a plus d'ampleur de mouvements que l'homme, elle ne peut pour autant utiliser ses propres mains. Monsieur, lui, profite de la vue du dos de sa partenaire pour l'embrasser partout.

Une façon de découvrir des parties du corps qu'on perd vite l'habitude d'explorer. Pourtant, le dos peut être une zone érogène si l'on s'y consacre assez bien. L'homme peut également faire en sorte de remonter quelque peu en modifiant la position pour atteindre la nuque de la femme. Il peut tenir, suspendre ou maintenir sa partenaire de ses deux mains, et relâcher de temps en temps pour lui caresser la taille, les jambes ou les seins Cela permettra de donner du cœur à l'ouvrage à la femme, qui doit se charger de donner du plaisir aux deux partenaires à la fois.

Si l'homme appréciera de tels efforts déployés par son amante, elle n'appréciera sûrement pas si elle manque de souplesse ou souffre du dos. Ainsi, vous serez avertis : la chaise à bascule n'est pas si reposante que cela.

La danse aux joyeuses faveurs

La danse est souvent l'occasion d'éveiller le désir de l'autre, ou bien, pour les nouveaux amants, d'échanger de furtives caresses. Danser l'amour, c'est prolonger un instant festif dont le souvenir érotique embrasera vos nuits câlines !

D'une posture amoureuse classique, "la levrette" à la "danse aux joyeuses faveurs", il n'y a qu'une variation de mesure, qui vous emportera dans une chorégraphie passionnée.

La femme s'agenouille sur le lit, le corps en avant, les fesses redressées, les cuisses largement écartées. Ses avant-bras et ses mains lui servent d'appui : elle est ainsi dans une position de sphinx, fort suggestive pour son amant, qui verra certainement son désir se renforcer. Placé derrière elle, à genoux également, les jambes serrées entre les siennes, il pénètre sa partenaire par le vagin. A ce moment, la femme soulève son buste en prenant appui sur ses mains, puis se rapproche de la couche rapidement, à la façon d'un chat qui arrondit le dos puis s'étire : ce mouvement provoque une bascule du bassin et des sensations agréables pour les deux amants. Lorsque la femme a les épaules en position haute, son bassin est en position basse ; le pénis est repoussé vers l'extérieur de son vagin, à l'exception du gland.

La femme répète le mouvement en l'accélérant autant qu'elle le peut : c'est donc elle qui mène la danse. Ce qui n'empêche pas l'amant d'accompagner les ruades de sa bien-aimée.

La position de la déesse aux cheveux longs :

S'il existe une position idéale pour l'homme, pourquoi pas celle de la déesse aux cheveux longs ? Allongé sur le dos, les cheveux de sa partenaire sur le visage, la quête des sens atteint son but. La femme découvrira alors les gestes qui font plaisir, et lui font plaisir. La déesse aux cheveux longs est celle qui a le pouvoir de faire partager son plaisir au simple mortel.

Il sera dit que tous les couples sont à la recherche de la petite mort, l'instant suprême où chacun se sent défaillir et perdre tout contrôle pour se laisser aller à la volupté la plus envoûtante. La position de la déesse aux cheveux longs est donc le parfait moyen de se laisser aller au plaisir.

La détente est au rendez-vous. L'homme, allongé sur le dos, reçoit sa partenaire sur son propre corps. Celle-ci s'appuie sur ses coudes, au-dessus des épaules de son amant. Elle replie ses jambes et pose délicatement ses pieds sur les genoux de Monsieur. La pénétrant son vagin, il engage le mouvement de va-et-vient en tenant sa partenaire par la taille. La femme, au même instant, soulève et redescend son bassin en réponse aux assauts de l'homme qui sait la satisfaire.

C'est une évidence, mais la position de la déesse aux cheveux longs nécessite donc une parfaite coordination, digne des pratiques tantriques. Chevauchant son partenaire, Madame peut, en toute impunité, laisser ses cheveux s'agiter sur le visage de Monsieur. Le parfum et la douce sensation de caresse raviront l'homme. Il pourra alors toucher sa partenaire et aller jusqu'au clitoris. Des variantes de la déesse aux cheveux longs peuvent enfin naître selon la position des jambes, écartées ou non, des deux partenaires, laissant ainsi chacun éprouver de nouvelles sensations. Madame saura également choisir d'arrêter son mouvement, laissant l'homme avoir le contrôle. Et vice et versa, la femme pouvant servir de guide. Chacun varie alors la vitesse, le rythme ou la profondeur de la pénétration.

Quelques petites précautions, cependant. La position de la déesse aux cheveux longs est déconseillée aux femmes souffrant de problèmes de dos. Les ardeurs de son amant, ou les siennes, peuvent provoquer quelques dégâts. Sans être trop brusque ni trop rapide, cette position se pratique en toute sérénité, en prenant le temps de découvrir de nouvelles sensations. Un mouvement maladroit, et c'est le sexe de l'homme qui sort du vagin, interrompant inopinément la progression de l'orgasme. Dans ce cas-là, pas de souci : oubliez donc la déesse aux cheveux longs, et laissez Madame reprendre sa place sur Terre. Elle pourra ainsi se reposer en se retournant complètement, et évoluer vers une posture sur le ventre, où elle saura reprendre des forces et apprécier paisiblement les efforts de Monsieur.

La position des grenouilles

Dans cette position du Kamasutra, la grenouille ne se fera pas aussi grosse que le boeuf. Elle devra même se faire toute petite au creux de son partenaire. Monsieur l'invite en son sein pour une position intime, où Madame pourra dominer la pénétration tout en appréciant les caresses de son partenaire.

Intimité assurée dans la position des grenouilles ! Le plaisir est décuplé par le contact et par l'effort fourni par la femme. C'est elle qui mène la danse et s'active sur son amant, savourant son bonheur charnel.

L'homme est assis sur un rebord du lit, les pieds au sol. Il est préférable qu'il ait un appui également pour son dos. La femme, elle, reste sur le lit. Elle s'agenouille comme une grenouille, dos à son partenaire, et s'empale sur le sexe. Les amants sont très proches. Dans cette position, la femme arrive facilement à bouger, comme un batracien prêt à sauter. C'est qui imprimera le mouvement de va-et-vient en s'appuyant sur les mains et les jambes.
Une pénétration aussi profonde nécessite de la femme qu'elle la contrôle. En sachant que le sexe masculin est dirigé vers la **zone érogène du point G.**La femme a beaucoup plus de chances, dans la position des grenouilles, d'atteindre un **Orgasme** phénoménal.

Pour un véritable feu d'artifice, l'homme peut également jouer son rôle. En caressant sa partenaire, en lui touchant le Clitoris. Surtout, en accompagnant le mouvement de la femme. Il peut en effet soulever la croupe de sa partenaire pour faciliter et approfondir la pénétration du vagin. Dans ce cas-là, Madame va toucher elle-même son Clitoris pour épicer le plaisir.

Les grenouilles en action peuvent aller très loin dans le plaisir. Si cette position est quelque peu fatigante pour la femme, elle s'avère en même temps très agréable. C'est donc à elle de choisir la fin de cette exploration des sens. Alors, il se pourrait que la petite grenouille monte tout en haut de l'échelle… jusqu'au 7e ciel.

La grenouille à la nage :

Avez-vous déjà observé une grenouille nonchalamment posée sur une feuille de nénuphar ? L'avez-vous vue se détendre brusquement et s'élancer dans l'eau avec la fougue d'une championne olympique ? Si oui, peut-être ressentirez-vous quelque excitation, Madame, à fléchir vos membres, comme elle avant le grand saut...

Dans la posture de la "grenouille à la nage", la femme tourne le dos à l'homme comme dans la levrette. Prenant appui sur ses coudes, les mains croisées derrière la nuque, les seins en contact avec le matelas, la femme dresse ses fesses. Son dos se cambre naturellement. Ses cuisses sont largement écartées, ses jambes reposent à plat sur la couche. L'homme s'agenouille entre ses cuisses, guide son pénis dans le vagin et appuie fortement ses mains sur les omoplates de sa compagne. Les mains des deux amants peuvent s'unir. La femme, dont le vagin est béant, grâce à la position des cuisses, croise alors ses jambes derrière les cuisses de son amant : le vagin se resserre sur le pénis, communiquant à l'homme une sensation d'étranglement fort troublante. Lors des ébats, celui-ci va devoir alors prouver la souplesse de ses reins ! Car dans cette posture, le buste de la femme étant immobilisé, c'est l'homme qui remue simultanément leurs deux bassins et exerce les mouvements de va-et-vient.

Comme souvent, dans les positions où l'homme est derrière la femme, la pénétration est profonde. Mais ce qui distingue cette "grenouille à la nage" d'autres postures, c'est l'étroitesse du vagin dans lequel se meut la verge de l'homme : du coup, toute la longueur du pénis est en contact avec le conduit et le fond du vagin, ce qui offre une jouissance fusionnelle aux deux amants.

La levrette :

La levrette est l'une des positions les plus chargées de fantasmes, car elle est celle des mammifères quadrupèdes. Elle a donc, pour les humains, une connotation "animale" très forte qui laisse rarement indifférent : elle peut aussi bien être attirante que repoussante.

Comment se pratique la position de la levrette ?

La femme à quatre pattes prend appui sur ses mains, ou mieux ses avant-bras. L'homme, à genoux, vient la pénétrer le vagin par derrière pour atteindre le fond du vagin, en la tenant par les hanches ou les fesses. C'est une position à connotation sensiblement animale, qui n'empêche cependant pas la complicité. Cette ambiguïté est délicieuse pour beaucoup, car ce qui n'est pas très clair dans la sexualité, ce qui suscite à la fois l'envie et l'appréhension, peut provoquer une émotion inattendue et un plaisir intense...

La levrette vue par les femmes

Certaines femmes n'aiment pas tourner le dos à leur partenaire, ne pas le voir, ne pas l'avoir sous les yeux ; d'autres apprécieront au contraire d'être libérées du regard de l'homme, surtout s'il a l'habitude de scruter leur visage pour y repérer les signes de l'excitation. Elles peuvent ainsi se laisser aller plus facilement, s'abandonner à leur plaisir sans se demander comment celui-ci se lit sur leur visage. Sans le "face à face", elles peuvent parfois se concentrer davantage sur leur excitation sans être distraites par le regard de l'autre.

Les femmes aimeront être à quatre pattes ou à genoux, le buste ou seulement la tête en appui sur le lit, s'il est à bonne hauteur, sur le canapé ou tout autre meuble adéquat si on se permet des excursions hors de la chambre... Elles goûteront le plaisir de rester passives ou, au contraire, s'abandonneront au balancement de tout leur corps, joueront avec les mouvements de reins en accompagnant le va-et-vient du partenaire et renforçant son effet. Elles apprécieront aussi que leur clitoris soit librement accessible à sa main.

La position selon le point de vue de l'homme

Les hommes aiment dans cette position la vision qui leur est offerte du corps féminin, la taille bien soulignée, les hanches et les fesses mises en valeur. La pénétration vaginale se fait au milieu de ces rotondités charnues qui sont une particularité érotique de l'espèce humaine, que l'on peut apprécier tout au long de l'acte amoureux tandis que les mains caressent ces formes ou s'accrochent aux hanches.

La pénétration est habituellement moins profonde, les fesses maintenant l'homme à une certaine distance, ce qui peut s'avérer intéressant quand la verge est longue. En compensation, l'angle de la pénétration provoque souvent un plaisir plus intense chez l'homme comme chez la femme.

Au final, cette position permet de se libérer davantage, de jouer plus avec des fantasmes, d'avoir des sensations assez différentes dans le contact extérieur des corps comme dans la pénétration.

Mystérieuse entrevue

En comparaison à l'union des amants, la mystérieuse entrevue est une position beaucoup plus surprenante. Facile et à essayer en tout temps et à tout moment, elle permet aux partenaires de se découvrir et de susciter leur imaginaire érotique tout en développant leur passion sexuelle.

La mystérieuse entrevue porte en elle les germes d'un fantasme à réaliser. On peut s'imaginer devenir quelqu'un d'autre, prendre une autre identité pour jouer à un jeu érotique très excitant. Les amants, sans vraiment se voir, peuvent se laisser aller à une imagination des plus débordantes.

Praticable n'importe où, à n'importe quel comment, la position de la mystérieuse entrevue nécessite seulement que les partenaires soient debout, la femme dos à l'homme, dont le ventre se presse contre son dos. Elle peut plus ou moins incliner le bassin afin que la verge la pénètre le vagin.

Ainsi unis, l'homme et la femme ont également le choix de ne jouer que leur propre rôle mais, à l'instar des films érotiques, peuvent aussi placer un miroir en face d'eux. Se voir ainsi dans l'intimité la plus profonde permettra aux amants de jouer avec leur corps, leurs regards et leurs sensations. Car, même si la position de la mystérieuse entrevue impose un contact très rapproché, la vision s'en retrouve bloquée. Surtout si la femme s'appuie sur un mur ou autre, cachant alors à son partenaire ses seins et son sexe. La différence de taille est aussi un inconvénient qu'il faudra pallier grâce à un coussin ou un tabouret.

Malgré quelques défauts, la position de la mystérieuse entrevue est néanmoins parfaite pour apprendre à connaître l'autre. Monsieur sera très excité par la pénétration et Madame, si son Clitoris n'est pas stimulé, pourra néanmoins être titillée par son Point G. Chacun a l'entière liberté de ses mouvements et de ses mains et peut choisir de caresser n'importe quelle partie du corps de l'autre.

Peu fatigante, très excitante et propice au jeu érotique, la mystérieuse entrevue est finalement une position très agréable, à pratiquer dès que l'envie vous prend. A l'extérieur ou en privé, c'est maintenant à vous de choisir.

<u>L'approche du tigre :</u>

La démarche lente et ondulante du tigre évoque davantage la sensualité qu'un comportement carnassier. L'approche du tigre, c'est une posture, mais c'est aussi une attitude entre douceur et excitation. Amusez-vous avec votre compagne.

Le "tigre" et la "tigresse" jouent avec leur désir réciproque, se dérobent, ce qui ajoute du piment à la relation érotique. Une table, un fauteuil, forment parfois un rempart amusant entre les amants !

Lorsque enfin ils s'embrassent, les langues se mêlent et s'aspirent, fouillent les gosiers.

Les mains ne caressent pas : elles simulent des griffes avec douceur et tendresse, sans avoir besoin pour autant de laisser des traces. L'ongle de l'index peut dessiner légèrement son parcours sur le dos, les épaules ou le ventre. Puis les doigts se rassemblent et gravent plus profondément dans la chair leur itinéraire : du visage au sein, des hanches aux fesses. Les caresses, sur le pénis ou le mont de Vénus doivent être légères et douces. Prenez le temps de vous observer, avant de continuer le jeu. Il est encore trop tôt pour la pénétration.

La femme, en refusant à son partenaire l'accès de son sexe, l'excite davantage. Dans l'attente du pénis, elle sent se contracter son clitoris, et se prépare au plaisir. Son vagin se dilate et se lubrifie par lui-même, son corps impatient se parfume de l'odeur particulière au sexe. Debout, assis ou couchés, l'empoignade est passionnée : chacun défend son corps et l'offre à la fois !

<u>Le cheval renversé :</u>

Le cheval renversé est une position qui permet une multiplicité de jeux sensuels et érotiques, tantôt plus confortables et détendus, tantôt plus vifs dans l'excitation. C'est ce qui en fait tout l'attrait.

La femme peut chevaucher l'homme couché sur le dos, et, au lieu de lui faire face comme dans la position d'Andromaque, lui tourner le dos : elle s'assied sur son ventre tout en guidant la pénétration, et celle-ci peut être très profonde.

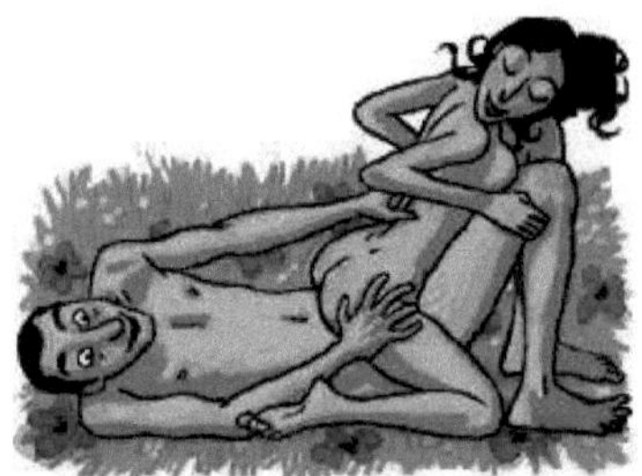

La femme a le choix de rester ainsi, le buste vertical, les mains libres pour caresser les testicules de son partenaire, ou l'intérieur de ses cuisses. Elle-même se laisse caresser le dos, les hanches, les fesses. Des mouvements légers de redressement sur les cuisses soulèvent son tronc et provoquent un va-et-vient du vagin le long de la verge.

Elle peut aussi se renverser en arrière, prenant appui sur ses deux bras, les mains de chaque côté de la tête de l'homme, les cuisses plus ou moins relevées : l'homme peut ainsi caresser plus facilement sa poitrine, son ventre, son clitoris, afin d'accompagner le rythme de son excitation.

Une autre variante consiste, au contraire, pour la femme à se pencher en avant, jusqu'à s'appuyer sur les deux bras, ses mains placées au niveau des pieds de son partenaire. Elle peut alors se concentrer sur les sensations qu'elle se crée en jouant du va-et-vient sur le sexe de son compagnon.

Le grand écart

Quand la géométrie se mêle d'amour, c'est bien sûr pour y apporter plaisir et fantaisie ! Dans la posture du grand écart, les angles et les mesures déterminent l'intensité du coït. Amusez-vous donc, gymnastes amoureux, et accouplez-vous selon une chorégraphie excitante qui libèrera votre imagination sexuelle !

Le grand écart, c'est la position que prend une danseuse, lorsque buste vertical, fesses en contact avec le sol, ses deux jambes forment un angle de 180 degrés : en amour, la posture du grand écart requiert de la souplesse, mais pas d'entraînement particulier ! Et si elle nécessite un échauffement préalable de la femme, celui-ci a pour but non de détendre ses ligaments, mais de la préparer au plaisir du coït !

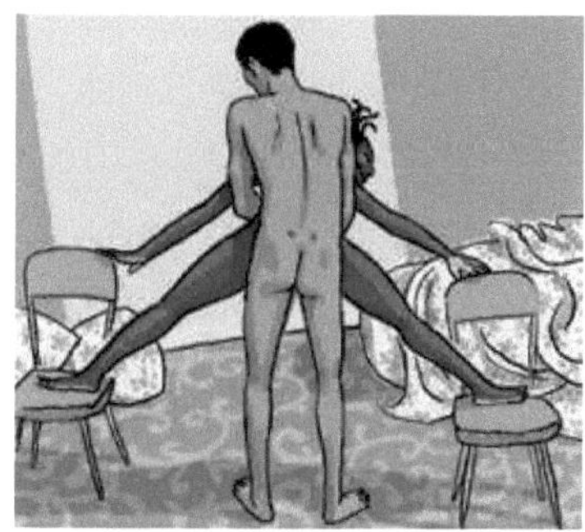

La femme monte debout sur deux chaises, un pied sur chaque siège. Evidemment, il faut prendre soin de choisir des chaises stables et solides, qui ne risquent pas de se renverser en plein exercice amoureux ! La femme, face aux dossiers, y pose ses mains. Son amant, auquel elle tourne le dos, écarte lentement les deux chaises l'une de l'autre, de sorte que les jambes de sa maîtresse s'écartent doucement, elles aussi, et forment le plus grand angle possible : plus grand est l'écart, plus accessible se trouve la vulve, à la fois par sa hauteur, par rapport à la hauteur du sexe de l'homme, et par sa position et son ouverture. Car, le sexe ainsi écartelé, la dame offre un passage facile au pénis de son amant.

L'épicurien :

Dans l'Antiquité, Epicure préconisait de préférer la simplicité des plaisirs quotidiens à la richesse décadente, la bonne chair au luxe tapageur. Et si les amants mettaient en pratique cette philosophie. L'homme savourera tranquillement dans cette position de l'épicurien les bienfaits prodigués par son amante. A qui il devra bien montrer sa reconnaissance...

C'est une position durant laquelle on songerait presque aux plaisirs simples de la vie, installé confortablement sur son séant. Mais de plus importants facteurs peuvent faire sortir l'homme de sa rêverie, en particulier sa partenaire. Active et joueuse, elle met en branle la mécanique et se consacre entièrement au plaisir des deux amants.

L'épicurien est assis légèrement de côté. Il s'appuie sur un bras et écarte les jambes de façon à avoir le sexe à découvert. Son genou gauche touche le sol, l'autre est relevé. Sa partenaire s'abandonne à lui et se met sur le ventre. Elle tourne le dos à l'homme et se tient sur les avant-bras. Ainsi positionnée, elle peut alors débuter lentement le mouvement afin de laisser à l'épicurien tout le loisir de la contempler.

Ainsi, la femme agit et l'homme devise. Il admire sa partenaire et peut réfléchir aux meilleurs moyens de la stimuler. Il choisit alors de caresser une partie du corps de l'amante, ou une autre. Sa main libre peut s'attarder sur les seins ou les fesses de Madame. Elle, penchée, savoure la pénétration vaginale en ayant la liberté de diriger la cadence et la profondeur du coït.

Malheureusement, la position de l'épicurien n'est pas du tout celle où Madame pourra stimuler son point G et son clitoris. Elle doit donc se frotter doucement pendant la pénétration ou se relever quelque peu pour laisser faire son partenaire. Ce qui permettra également à l'épicurien d'aider la femme à l'acte et lui donnera plus d'amplitude dans ses gestes destinés à l'amante.

Une telle position est difficilement praticable sur un lit trop confortable. Un peu de naturel sied mieux à l'épicurien, qui s'abandonne plus facilement aux plaisirs simples. Le sol ou un tapis est même recommandé

<u>Les chimpanzés :</u>

La position des chimpanzés est sûrement, avec celle de la brouette, l'une des positions sexuelles les plus difficiles du Kamasutra. Mais elle permet aussi de tester la dextérité des amants et leur courage.

Si le Kamasutra est aussi célèbre dans le monde entier, c'est aussi et surtout grâce à son inventivité. C'est le cas de cette position, dont l'extrême difficulté n'a d'égal que l'extrême plaisir qu'elle peut apporter aux amants.

Difficile d'abord, de s'imaginer comment l'on se retrouve dans une telle position. L'homme se couche sur le dos et relève les jambes en les écartant. Son sexe pointe vers le haut, mais ce n'est pas la bonne direction. Le sexe doit être tendu vers le ciel. En même temps qu'il le maintient bien droit, il tient la femme par la taille pour la guider. Celle-ci, dos à l'homme, sans ne rien voir, doit néanmoins réussir à s'empaler sur le sexe de l'homme.

Pour maintenir l'équilibre, la femme doit avant tout rester bien droite tout en étant agenouillée, telle un petit singe. Le premier essai ne sera sûrement pas le meilleur et les amants devront s'y réessayer à plusieurs fois avant de réussir parfaitement. L'homme, en tenant sa partenaire, rythme la pénétration et choisit la cadence. Il peut également donner des petits coups de bassin pour approfondir la pénétration. La femme, elle, a le choix de monter plus ou moins haut à chaque coup pour rester maîtresse de l'intensité du coït. Elle peut enfin caresser le bas des testicules de son partenaire.

On peut alors varier le plaisir, non sans difficultés. La femme peut aller de bas en haut tandis que son partenaire la dirige d'avant en arrière, ce qui suppose une parfaite coordination, mais sera aussi le meilleur moyen d'éprouver un plaisir partagé. Surtout, la position des chimpanzés est idéale pour rompre la monotonie du quotidien et de l'éternel missionnaire.

Les petites cuillères :

La femme et l'homme s'allongent sur le côté, l'homme dans le dos de la femme, qu'il pénètre vaginalement. Si l'homme se plaque contre le dos de sa compagne, l'image de deux petites cuillères emboîtées est évidente.

Cette position présente de grands avantages : comme les deux partenaires sont couchés confortablement, ils peuvent prendre tout leur temps, l'une pour s'abandonner, l'autre pour caresser et embrasser. Les mains de l'homme atteignent les seins, le ventre, le sexe. S'il s'écarte un peu, il peut caresser le dos, les reins, les hanches, les fesses.

N'étant pas contraint à un va et vient rapide pour occuper le temps, l'homme peut profiter de cette position pour s'entraîner à maîtriser son éjaculation : grâce à des mouvements lents doux, ne provoquant qu'une excitation faible, il habituera son organisme aux sensations vaginales. Dans cette position où l'on peut prendre son temps pour jouer avec des nuances de sensations, l'apprentissage est possible, alors qu'il est difficile dans d'autres où l'excitation est plus vive.

Les femmes qui aiment cette position parlent de leur plaisir à se laisser faire, à sentir leur corps se détendre progressivement sous la main de l'autre : elles ont le temps de se vider de leurs soucis quotidiens, se trouvent plus libres de se concentrer sur leur excitation, et de sentir leur désir les envahir peu à peu.

Certaines, cependant, n'aiment pas tourner le dos à leur partenaire, ou, au bout d'un moment, ont envie de passer à l'action, de caresser et d'embrasser à leur tour, de se frotter contre le corps de l'homme. Cette position est donc en général une étape, au début du jeu amoureux. Elle peut être aussi amenée par l'obésité de l'un des deux ou la grossesse de la femme.

PARTIE 4 : La femme au-dessus :

Aujourd'hui les positions où la femme est dessus permettent à l'épouse de mener aussi le jeu sexuel à sa guise. Toutes les variations pour laisser les femmes mener la danse.

L'amazone :

On ne monte pas à cheval uniquement en s'asseyant, les jambes écartées de chaque côté de la monture : on peut aussi garder les deux jambes sur le même flan. Et cette position a souvent été considérée comme convenant particulièrement aux femmes, mettant en valeur la ligne de leur corps. Autant de raisons pour l'essayer en amour.

L'homme s'allonge classiquement sur le dos, tandis que la femme s'accroupit au niveau de ses hanches, les deux pieds d'un même côté, et se fait pénétrer en s'abaissant doucement. La courbure de la verge n'est pas dans le sens du vagin, ce qui est à la fois un inconvénient et un avantage.

Un inconvénient, parce qu'un mouvement trop brusque peut tordre la verge et faire très mal ; de plus le mouvement n'assure un bon glissement que si la lubrification vaginale est importante. Mais, si les oscillations sont effectuées avec délicatesse, le type de frottement est original et procure pour les deux partenaires des sensations insolites.

Par ailleurs, l'homme a les mains libres, pour caresser les fesses, la cambrure des reins, le dos de sa partenaire avec l'une ; les cuisses, leur intérieur, le pubis, le ventre, le clitoris avec l'autre. C'est en effet une des positions où la liberté des mains et la façon dont sont placés les corps l'un par rapport à l'autre offrent à l'homme la plus grande diversité de caresses possibles.

La balançoire en fête :

Vous êtes-vous déjà amusés à transformer votre couple avec des jeux érotiques ? La balançoire dans la chambre, siège de l'amour, y aviez-vous pensé ? Alors, si l'on se laissait aller à une étreinte sur l'escarpolette…

La posture de "la balançoire en fête" s'adresse aux heureux propriétaires d'un rocking-chair ou d'une balancelle de jardin comme on en rencontre dans les pays ensoleillés. Pour les autres, une variante appelée simplement "la balançoire" leur permettra d'accéder de manière différente mais néanmoins fort convenable aux plaisirs de la bascule !

Parfois, on a recours à cette position après que la femme se soit assise sur les genoux de son cavalier pour un petit câlin et quelques échanges de baisers. Lorsque l'homme sent monter l'érection, il n'abandonne pas le rocking chair ; il se débarrasse simplement de ses vêtements, ainsi que sa partenaire : les corps des deux amants se retrouvent ainsi dans un contact intime, peau contre peau, prêts à se mêler et se pénétrer. L'homme s'est assis le premier dans le fauteuil ou sur la balançoire.

Avant le coït, la dame peut s'agenouiller au pied de l'homme et se livrer alors à quelques lècheries, succions ou absorption du pénis. Elle aura soin d'effectuer son ouvrage au rythme de la bascule, le pénis entrant et sortant de sa bouche, en même temps que son amant se balance : grâce à elle, la verge se raidit et se gonfle davantage, se préparant à l'envahir de plaisir ainsi que son amant.

Celui-ci relève alors la femme, en la saisissant sous les aisselles ; il peut effleurer subtilement de ses doigts mouillés de salive ou d'huile d'olive le clitoris et les petites lèvres de sa compagne ou, si l'un ou l'autre préfère, s'emparer de son pubis à pleine main et le stimuler vigoureusement, afin de la préparer, elle aussi, à la jouissance sexuelle.

Lorsque les deux amants ont tous deux atteint un haut degré d'excitation, l'homme écarte légèrement les jambes, les pieds reposant au sol, et glisse ses fesses au bord du siège ; son buste et sa tête sont penchés en arrière, les épaules en contact avec le dossier, ses avant-bras reposent sur les bras du fauteuil.

La barque :

La barque et la rivière vont toujours de pair et s'associent dans une union parfaite. Dans cette position sexuelle, les amants apprennent à coordonner leurs mouvements et pour une fois, doivent s'habituer à ne plus être l'un en face l'un de l'autre. L'abordage risque d'être périlleux, mais le voyage est toujours agréable.

Le bateau sur l'eau tangue, flotte au gré des courants mais ne chavire que très rarement. Ainsi en est-il de la position de la barque, où une femme et un homme découvrent des sensations nouvelles. Tous deux explorent de nouvelles possibilités tout en faisant attention à ne pas détruire la cohérence des mouvements, l'unité de la relation sexuelle.

Allongé sur le dos, l'homme attend que la femme se place sur lui. Introduisant son pénis dans son vagin, la femme devra alors se mettre sur le côté, comme dans la position de l'amazone mais à la différence qu'elle aura les jambes relevées.

Ainsi placée, elle peut commencer le va et vient. La pénétration est profonde et assure aux deux partenaires un plaisir intense. La courbure du pénis ne suit plus celle du vagin, la sensation est donc tout à fait différente. La femme devra aussi faire attention à ne pas tordre le sexe de son partenaire. Lui aura, dans cette position de la barque, beaucoup plus de possibilités que dans celle d'Andromaque. Il peut à la fois explorer les seins et les fesses de Madame ou bien même toucher son clitoris en même qu'il lui caresse le visage.

Pour une femme qui atteint difficilement l'orgasme, la position de la barque lui permettra de reprendre les choses en main et de braver sa pudeur. Ainsi placée en avant, elle se dévoile totalement à son partenaire, qui profite d'une vue intégrale. Elle peut oser changer les mouvements, aller de gauche à droite ou de haut en bas. L'homme n'a pas autant d'amplitude dans les va-et-vient, mais peut profiter en toute liberté de ses deux mains.

Dans cette position originale, homme et femme jouent ensemble, l'une est la barque, l'autre la rivière. De quoi renforcer la complicité des amoureux et leur faire découvrir des sensations insolites. A eux, ensuite, de nourrir leur curiosité affamée.

La position d'Andromaque :

Pour les anciens, il était connu qu'Andromaque, la femme du grand héros d'Homère, Hector, "chevauchait son époux", et ils racontaient que "derrière les portes, les esclaves phrygiens se masturbaient chaque fois qu'Andromaque montait le cheval d'Hector". Le couple légendaire donne ainsi sa caution à une position pourtant controversée : l'homme y est en situation inférieure, la femme le domine et a la maîtrise du jeu.

Aujourd'hui les sexologues conseillent cette position à tous les "apprentis-amoureux", aussi bien aux femmes qui désirent découvrir l'orgasme pendant la pénétration, qu'aux hommes qui veulent apprendre à maîtriser leur éjaculation.

L'Andromaque pour la femme

Une femme qui ne parvient pas à l'orgasme lors du rapport peut choisir de caresser son clitoris. Attouchements effectuées pendant la pénétration, qui lui permettront d'obtenir le plaisir recherché. C'est dans ce cas la possibilité de se caresser pendant l'acte sexuel qui rend cette position intéressante : elle est plus favorable aux caresses que celle du missionnaire, mais pas plus que la position où l'homme est dans le dos de la femme. En tout cas, d'après certaines enquêtes, cinquante pour cent des femmes européennes jouissent, pendant la pénétration, grâce aux caresses.

Cependant, certaines femmes recherchent l'excitation clitoridienne non par caresse manuelle mais par frottement contre le pubis et la toison de l'homme. La supériorité de la position d'Andromaque est alors indéniable : en missionnaire, la femme a peu de marge de manœuvre pour bouger les hanches et se retrouve plus ou moins coincée. En position d'Andromaque, elle a toute liberté de creuser les reins et de régler l'inclinaison de son buste afin de trouver l'angle idéal.

Le contact entre son clitoris et le pubis de son partenaire sera ainsi le plus adéquat. En outre, elle sera maîtresse de l'intensité de la pression, du rythme du mouvement de frottement et elle pourra s'adapter aux sensations qu'elle ressent.

Toutes les conditions sont réunies pour que le jeu soit efficace et mène progressivement à l'orgasme désiré.

L'Andromaque du point de vue masculin

Quant à l'homme désirant maîtriser son éjaculation, il doit rechercher une position décontractée rendant le jeu érotique possible, facile. Il peut ainsi se détacher d'une excitation qui ne proviendrait que du va-et-vient dans le vagin, approche assez difficile avec la position du missionnaire. En position d'Andromaque, il bouge peu (pour que son cerveau se décrispe et qu'il perde son appréhension d'être pris par surprise) et reste excité par la vue du corps de sa compagne (ses hanches et ses seins, comme son visage); les caresses et les baisers, faciles à donner et à échanger, jouent également un rôle important. La variété des occupations érotiques possibles entraînera son esprit loin de ses peurs. La sexualité pourra cesser d'être une épreuve et retrouver son caractère ludique.

Au-delà de tout apprentissage, cette position est aussi pleine d'agréments. La femme peut ainsi jouer avec la verge en elle, explorer à sa fantaisie les mouvements qui feront varier les sensations qu'elle est susceptible d'en retirer. Et elle donnera ainsi à son compagnon le spectacle de son corps qui bouge et qui vit, celui de la montée de son désir et de son excitation : moments chargés d'érotisme aussi bien pour elle qui s'offre que pour lui qui en reçoit le cadeau.

Le cheval renversé :

Le cheval renversé est une position qui permet une multiplicité de jeux sensuels et érotiques, tantôt plus confortables et détendus, tantôt plus vifs dans l'excitation. C'est ce qui en fait tout l'attrait.

La femme peut chevaucher l'homme couché sur le dos, et, au lieu de lui faire face comme dans la position d'Andromaque, lui tourner le dos : elle s'assied sur son ventre tout en guidant la pénétration, et celle-ci peut être très profonde.

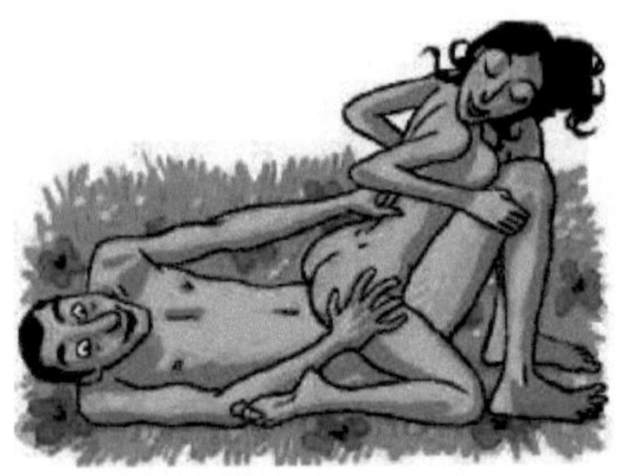

La femme a le choix de rester ainsi, le buste vertical, les mains libres pour caresser les testicules de son partenaire, ou l'intérieur de ses cuisses. Elle-même se laisse caresser le dos, les hanches, les fesses. Des mouvements légers de redressement sur les cuisses soulèvent son tronc et provoquent un va-et-vient du vagin le long de la verge.

Elle peut aussi se renverser en arrière, prenant appui sur ses deux bras, les mains de chaque côté de la tête de l'homme, les cuisses plus ou moins relevées : l'homme peut ainsi caresser plus facilement sa poitrine, son ventre, son clitoris, afin d'accompagner le rythme de son excitation.

Une autre variante consiste, au contraire, pour la femme à se pencher en avant, jusqu'à s'appuyer sur les deux bras, ses mains placées au niveau des pieds de son partenaire. Elle peut alors se concentrer sur les sensations qu'elle se crée en jouant du va-et-vient sur le sexe de son compagnon.

La position de l'indolent :

Avec la position de l'indolent, c'est à la femme de faire ses preuves et de montrer son amour à un homme qui s'abandonne à elle. Une base qui donne une infinité de possibilités sexuelles au couple, à l'un comme à l'autre.

C'est dans la paresse parfois, que l'on trouve le plaisir. Et qu'on se laisse gentiment faire à la volonté d'une autre plus zélée. Dans la position de l'indolent, c'est Madame qui dirige les opérations. Ce qui donne lieu à une multitude de jeux érotiques, jusqu'à l'orgasme ou en guise de premiers pas vers le coït.

L'homme est allongé sur le lit et ses genoux pendent au bord du lit, ses pieds touchent le sol. Il attend que Madame s'assied sur lui, de dos, les cuisses écartées. Elle guide ainsi la pénétration et la contrôle. Elle peut pendant le va-et-vient toucher son clitoris. En fait, Madame a les mains libres et un total contrôle. Monsieur profite d'une jolie vue de son amante et peut caresser également sa partenaire.

Elle est prête alors à succomber aux caresses en se tenant sur ses deux mains, en arrière, favorisant l'union avec son amant. Monsieur peut alors se consacrer à ses seins son ventre ou son clitoris. Autrement, Madame s'appuiera sur ses genoux pour plus d'amplitude dans la stimulation. La position de l'indolent offre de nombreuses possibilités pour une séance de sexe qui n'en finit pas.

La position de l'indolent offre surtout à la femme de trouver tous les moyens pour faire plaisir à son homme paresseux, susciter son imagination et sa capacité à prouver son amour. A l'homme ensuite, de savoir répondre à un tel don, en abordant une autre position où il saura rendre, à son amante, tout le plaisir qu'elle désire.

Prendre ses jambes à son cou :

Les analphabètes de l'amour croient que "prendre ses jambes à son cou" signifie détaler à toute vitesse. Pas du tout ! Dans les relations sexuelles, un homme qui désire une femme, prend ses jambes à son cou absolument pas pour s'enfuir, mais, bien au contraire, afin d'être plus intimement proche d'elle. La preuve…

L'homme s'assied jambes étendues ; il penche un peu le tronc en arrière, appuyé sur les mains. Il doit être confortablement installé, pour que la position reste agréable tout au long du jeu : un tapis moelleux, ou carrément le lit, sont préférables au carrelage. Quant au parquet, il est à éviter, à cause des échardes.

La femme vient s'asseoir sur lui en se faisant empaler afin d'avoir un point d'arrimage solide avec le corps de son partenaire. Dans ces conditions, elle peut se laisser aller en arrière, en prenant appui sur ses mains, elle aussi, tout en relevant les jambes, jusqu'à les poser sur les épaules de son compagnon. Un petit temps d'ajustement est en général nécessaire pour que le couple trouve l'inclinaison des bustes qui rend possible le maintien de la position pendant de longues minutes.

La femme mène la danse

Quand on est ainsi emboîtés, les mains et les bras sont indisponibles, et l'homme est bloqué dans ses capacités de mouvement. C'est donc essentiellement la femme qui peut agir. Certaines préfèrent alors balancer leur bassin en creusant alternativement le ventre, puis les reins : la qualité du contact entre la verge et le vagin donne des sensations qu'on peut moduler grâce à la douceur des mouvements. Il faut savoir prendre son temps, et, pourquoi pas, fermer les yeux pour sentir l'excitation irradier son sexe et gagner, en ondes lentes, tout le ventre, puis les cuisses, avant de tétaniser peu à peu les muscles.

D'autres femmes sont plus sensibles au va-et-vient. En prenant appui sur le sol avec leurs mains, et sur les épaules de l'homme avec leurs jambes, elles soulèveront et abaisseront leur bassin afin de faire coulisser la verge dans leur ventre.

PARTIE 5 : Position sexuelles assises ou agenouillées :

Lors de l'amour, la position couchée n'est pas une obligation. On peut démultiplier les possibilités rien qu'en permettant à l'un ou l'autre des partenaires de s'asseoir ou de s'agenouiller.

Cavalier à la barre :

Si la partenaire féminine aime bien être plutôt passive, et se sentir clouée sur sa couche, admirant son beau mâle qui la domine, le "cavalier à la barre" est tout à fait indiqué.

Dans cette position, la femme se couche sur le côté, une jambe allongée sur le lit, l'autre repliée. L'homme s'agenouille à cheval sur la cuisse étendue de la femme ; il redresse l'autre jambe de celle-ci contre son buste, le pied vers son épaule, et la serre d'un bras contre lui. La large ouverture des cuisses permet une pénétration profonde.

De plus, la position est assez confortable pour que le couple prenne tout son temps, sans rien précipiter.. Le frottement particulier, dû aux positions respectives des deux partenaires, produit dans le vagin et sur la verge des sensations qui diffèrent sensiblement de celles que l'on ressent quand la pénétration est "dans l'axe". Il faut savoir goûter la différence, ce jeu d'harmonies qui donne tout son prix aux variantes des positions.

Goûter les positions est une affaire de gourmet !

Bien sûr, le contact corporel est peu important dans cette position, on ne peut pas serrer l'autre dans ses bras. Mais les caresses sont possibles : la main libre de l'homme a toute latitude pour caresser les seins, le ventre, la hanche, les cuisses, le clitoris de la compagne.

L'équerre :

Le cinéma a popularisé quelques positions sexuelles dans des scènes d'anthologie. L'équerre est l'une d'elles, aperçue dans "Le facteur sonne toujours deux fois". Sa célébrité est amplement méritée. Car peu de positions offrent une totale possibilité de mouvement et un plaisir tout aussi profond.

La femme, debout contre une table, présente son sexe à son partenaire. L'homme, à genou, l'explore de sa langue et de sa bouche. L'excitation obtenue permettra à la femme de s'abandonner totalement en s'allongeant sur la table... L'homme pourra alors se relever en caressant le corps de sa partenaire et en soulevant ses jambes de ses mains sûres. Dans cette position, le bassin de la femme dépasse légèrement de la table, libérant l'accès à son vagin. L'homme, tenant les hanches de sa compagne ou s'accrochant fermement au plateau de la table, peut alors la pénétrer.

Tout le plaisir réside dans la facilité du mouvement : l'homme debout à la possibilité de réaliser des va-et-vient au rythme de son choix. De plus, la vue plongeante sur le sexe offert de sa partenaire est très excitante, ainsi que la vision de la femme s'abandonnant de plus en plus sous les assauts répétés.

L'homme dirigeant le mouvement, la femme se consacre tout entière à son plaisir. Elle peut choisir, selon son excitation, de poser ses jambes sur les épaules de l'homme ou de ramener ses genoux à elle. Dans ce dernier cas, la pénétration est beaucoup plus profonde, apportant un plaisir particulièrement intense.

L'union du lotus :

Propice aux caresses, aux baisers et à l'expression de votre tendresse dans un face à face amoureux, l'union du lotus a été qualifiée de "favorite des amants" par Kalyanamalla, l'auteur du texte érotique indien l'Anangaranga.

Assis par terre ou sur un lit, l'homme replie ses jambes, cuisses écartées, et colle ses plantes de pieds l'une contre l'autre. Sa compagne s'assied sur lui, de face, les cuisses sur celles de son partenaire, les jambes serrées autour de la taille de celui-ci, les pieds posés au sol ou sur le lit.

Dans cette position les contacts intimes incitent à une union complète. Cela commence par de longs baisers où les lèvres s'unissent, les langues se cherchent et jouent entre elles. L'homme peut caresser les seins de sa partenaire, les empoigner ou les embrasser, puis en mordre tendrement les mamelons. La femme peut glisser sa main dans l'entrejambe de l'homme, enserrer son pénis dans un anneau formé par son pouce et son index monter de la base de la verge jusqu'au gland puis redescendre lentement, tout en exerçant de légères pressions qui feront gémir son partenaire ; en même temps, elle frotte son poignet ou son avant-bras sur sa vulve, ce qui ne manquera pas de l'exciter davantage. Les mains de chacun vagabondent sur les fesses, le dos, les épaules de l'autre, s'abreuvant de la douceur du corps de l'aimé(e). La femme peut maintenant imprimer de légers mouvements à son bassin pour frotter sa vulve sur le pénis sûrement passablement dressé de son partenaire, ce qui stimulera davantage encore son clitoris.

Au bord de défaillir, elle suppliera son amant de la pénétrer : l'homme aide alors la femme à se soulever pour que son vagin enfourche son pénis en érection. La pénétration est facile parce que le vagin s'est naturellement lubrifié et dilaté.

Cependant, la femme peut aussi enduire de salive ou de l'huile d'olive le sexe de son compagnon, avant qu'il la pénètre, une caresse qui ajoutera à la douceur et la tendresse de la situation. Ou bien c'est l'homme qui glisse ses doigts mouillés sur les petites lèvres, puis guide son pénis vers l'intérieur du vagin.

L'amant peut passer ses deux bras autour du cou de sa maîtresse, ou poser ses mains sur ses épaules, et la laisser donner le rythme au va-et-vient de la pénétration. Mais il peut aussi la maintenir par la taille, tout en imprimant de légères pressions sur ses fesses pour l'aider à se "balancer" selon une cadence réglée à l'unisson. Si la femme contracte les muscles de son périnée, cela resserre son vagin sur le pénis et augmente pour chacun l'intensité des sensations. L'homme peut basculer son bassin vers l'avant, en abaissant ou relevant ses genoux : ainsi les frottements vaginaux sont plus forts et variés et le plaisir de la femme se renforce, la conduisant à l'orgasme. Si elle le désire, la femme peut rapprocher une jambe de son corps et soulever l'autre, tout en se soutenant d'une main : ce mouvement permet de faire varier la tension du vagin sur le pénis et provoque chez chacun des partenaires de délicieuses vagues de plaisir qu'il savoure, tout en contemplant la jouissance de l'autre. Car c'est l'avantage de cette union du lotus : pouvoir donner à l'autre autant de plaisir que l'on en reçoit.

La balançoire en fête :

Vous êtes-vous déjà amusés à transformer votre couple en jeux érotiques ? La balançoire, siège de l'amour, y aviez-vous pensé ? Alors, si l'on se laissait aller à une étreinte sur l'escarpolette...

La posture de "la balançoire en fête" s'adresse aux heureux propriétaires d'un rocking-chair ou d'une balancelle de jardin comme on en rencontre dans les pays ensoleillés. Pour les autres, une variante appelée simplement "la balançoire" leur permettra d'accéder de manière différente mais néanmoins fort convenable aux plaisirs de la bascule !

Parfois, on a recours à cette position après que la femme se soit assise sur les genoux de son cavalier pour un petit câlin et quelques échanges de baisers.
Lorsque l'homme sent monter l'érection, il n'abandonne pas le rocking chair ; il se débarrasse simplement de ses vêtements, ainsi que sa partenaire : les corps des deux amants se retrouvent ainsi dans un contact intime, peau contre peau, prêts à se mêler et se pénétrer. L'homme s'est assis le premier dans le fauteuil ou sur la balançoire.

Avant le coït, la dame peut s'agenouiller au pied de l'homme et se livrer alors à quelques lècheries, succions ou absorption du pénis. Elle aura soin d'effectuer son ouvrage au rythme de la bascule, le pénis entrant et sortant de sa bouche, en même temps que son amant se balance : grâce à elle, la verge se raidit et se gonfle davantage, se préparant à l'envahir de plaisir ainsi que son amant.

Celui-ci relève alors la femme, en la saisissant sous les aisselles ; il peut effleurer subtilement de ses doigts mouillés de salive le clitoris et les petites lèvres de sa compagne ou, si l'un ou l'autre préfère, s'emparer de son pubis à pleine main et le stimuler vigoureusement, afin de la préparer, elle aussi, à la jouissance sexuelle.

Lorsque les deux amants ont tous deux atteint un haut degré d'excitation, l'homme écarte légèrement les jambes, les pieds reposant au sol, et glisse ses fesses au bord du siège ; son buste et sa tête sont penchés en arrière, les épaules en contact avec le dossier, ses avant-bras reposent sur les bras du fauteuil.

La position de la berceuse :

La position de la berceuse s'exerce avec douceur et sérénité. Le secret : un balancement incontrôlé qui donnera le vertige aux amants. Ceux-ci seront alors prêts aux plus grands efforts afin d'apprendre à se connaître et à s'aimer. La tendresse en plus.

Cette position de la berceuse fait revivre au couple des sensations agréables. Tendre et sensationnelle à la fois, elle convient à tous les amants en recherche perpétuelle de volupté.

Assis sur le lit, Monsieur tend une jambe et plie l'autre sous ses fesses. Il devra faire en sorte de tenir en équilibre sur ses deux cuisses, autrement la position serait très inconfortable. Pour cela, il peut basculer légèrement en arrière, tandis que Madame s'assoit sur sa jambe pliée et pose ses pieds sur les épaules de son partenaire, qui devra s'accrocher aux cuisses de son amante.

Celle-ci est difficilement à l'aise. Elle peut s'appuyer sur ses deux mains si elle le souhaite. Mais la position de la berceuse se pratique sans aucun appui. Avec la jambe de son amant pour seul appui, Madame risque de tomber à tout moment. Monsieur doit donc la soutenir tout en la pénétrant. Il insiste sur les mouvements afin de laisser sa partenaire aller d'avant en arrière.

Le balancement perpétuel de la berceuse est lancé. Madame s'accroche pour se laisser gentiment aller vers l'arrière, Monsieur la retient pour qu'elle revienne en avant. L'acte sexuel est doux et agréable. La pénétration n'est pas profonde mais permet au couple d'apprécier le plaisir en toute sérénité. Pas d'à-coups, ni de violences : la position de la berceuse permet aux amoureux de s'exprimer à force de caresses, de baisers et de regards intenses.

Malheureusement, cette position difficile ne s'adresse qu'aux plus souples et actifs des amants. Ceux qui n'ont pas peur de faire de nombreux efforts pour quelques minutes de plaisir, car la position de la berceuse ne peut être pratiquée très longtemps. Néanmoins, ce sera sûrement l'une des positions sexuelles qui vous feront passer une bonne nuit.

La culbute :

Culbuter une femme, c'est, en langage familier, la renverser pour lui faire l'amour. Les galipettes à deux, autre manière de désigner l'acte sexuel, se transforment parfois en un jeu acrobatique, et c'est tant mieux si l'on s'y amuse !

La posture de la "culbute" demande, en effet, quelques efforts gymniques et exige de la femme une bonne musculation abdominale !

Pour commencer, prévoyez un tapis épais ou une couette confortable que vous étendrez au sol. La femme garde sur elle un pantalon léger, tel qu'un pyjama en percale, par exemple ; elle le descend en bas des jambes, qu'elle a écartées : ses talons sont ainsi entravés par le vêtement. Elle se courbe alors en deux et place sa tête entre ses pieds, de telle façon que son cou se prend dans le pantalon.

L'homme, qui s'est placé derrière elle et jouit d'une vue imprenable, saisit les jambes de sa compagne et la renverse sur le dos avec précaution, en lui faisant faire la culbute avec douceur.

A l'aide de ses mains, la femme, désormais étendue sur le sol, maintient les pieds le plus près possibles de la tête, de part et d'autre de celle-ci, les fesses à peine soulevées ; les plus souples réussiront peut-être, sans le secours du pantalon, à placer leurs pieds sous la tête. Dans cette position, la vulve de la femme est largement ouverte et s'offre à l'homme qui, au choix, peut s'accroupir face à sa partenaire, et y glisser immédiatement son pénis ou préférer se livrer à un cunnilingus : il s'accroupit alors sur sa compagne, en position inversée, les fesses au-dessus de sa tête, en veillant à ne pas l'écraser de son poids. Il stimule délicatement avec la langue et la bouche ses petites lèvres et son clitoris, continue jusqu'au périnée, entre le vagin et l'anus, une zone particulièrement innervée donc sensible. En même temps les deux amants savourent les frottements des fesses, des testicules et de la verge de l'homme contre le ventre ou les cuisses de la femme.

<u>Le charmeur de serpents :</u>

Contre l'impuissance passagère, une seule solution : l'art de l'amour, les gymnastiques du couple pour goûter aux délices sexuels. Et la position du charmeur de serpents est une des meilleures pour que l'homme retrouve toute sa vigueur. Grâce à elle, il reprend le contrôle et offre à sa femme un grand champ des possibles.

Il peut arriver que Monsieur ait des petites fatigues. Une panne à réparer, quelque chose à revoir... Madame peut bien essayer tous les moyens stratégiques pour que son homme retrouve son érection. Mixtures, nourriture aphrodisiaque parfums envoûtants, rien n'y fait ! C'est alors que les choses prennent une tournure beaucoup plus épicée.

Après avoir cajolé, caressé, gâté et excité son amant, la femme se couche tendrement sur le lit. Elle attend que l'homme la soulève par la taille pour la poser sur ses jambes. Il profite ainsi d'une parfaite vue de sa compagne. Ecartant les jambes, celle-ci s'offre à son amant dans une posture des plus érotiques.

Elle peut s'installer un petit oreiller pour plus de confort, et ainsi mieux voir son époux qui lui fait face. Là, déjà, il semble avoir retrouvé de la vigueur. En prenant son amante par la taille, le bassin ou les fesses, il la pénètre délicatement mais profondément. Il dirige l'acte quand la femme se laisse gentiment faire, étant donné qu'elle dispose d'une moindre amplitude de mouvement. Tel un serpent apprivoisé, elle se laisse abandonner au contrôle du charmeur.

Cette position sensuelle peut varier à l'infini. Les amants peuvent se prendre les mains pour une union plus romantique mais aussi plus sportive. L'homme peut également s'emparer des poignets de sa partenaire pour accélérer la pénétration. Ou lui prendre ses chevilles, ou encore délicatement prendre les mains de Madame pour les fixer sur sa propre nuque. Bref, les possibilités sont quasi-infinies.

Dans de telles conditions, et avec des préalables qui conduiront forcément au plaisir suprême, la position du charmeur de serpents est une des meilleures pour que Monsieur retrouve sa puissance. Une technique pour soigner le mal par le mal !

Le cheval au galop :

Si cette position ne permet guère de s'enlacer ou de se caresser, les partenaires prendront plaisir à se laisser emporter dans le jeu complice d'une fusion durant laquelle on ne sait plus qui entraîne l'autre et qui suit.

On peut parvenir à cette position de plusieurs façons. Par exemple, la femme s'allonge sur le dos, genoux relevés, jambes écartées, le bassin plus ou moins soulevé. Son compagnon s'installe à genoux entre ses cuisses, et la pénètre. Puis il s'assoit afin de se retrouver à l'aise sur ses talons, les cuisses écartées sous les fesses de la femme : celle-ci repose alors sur les cuisses de son compagnon par les fesses et le bas du dos, et sur le lit (ou sur tout autre emplacement des ébats) par les épaules et la tête, ainsi que par les pieds.

L'homme se tient alors d'une main à l'épaule de sa compagne, et de l'autre à un de ses pieds : il prend ainsi l'attitude d'un cavalier monté sur un cheval sans selle, et qui s'agrippe d'une main à la crinière de sa monture, de l'autre à sa queue.

Cette position n'offre pas de contact important des épidermes : les poitrines ne se touchent pas, on ne peut pas s'enlacer ni se caresser. Mais tout se concentre sur les sensations génitales, lui sur sa verge, elle à l'intérieur de son vagin.

<u>La position du coquillage :</u>

Certains coquillages cachent en leur sein de véritables perles. C'est le cas de cette position du Kamasutra, dans laquelle la femme saura s'abandonner à la volonté de son partenaire. Elle aura cependant le choix de lui venir en aide et ainsi de renforcer la complicité sexuelle du couple.

Destinée à des amants qui ne sont pas des experts du sexe mais aiment expérimenter et renouveler leur vie sexuelle, la position du coquillage permet d'allier plaisir à tendresse, de faire rimer jouissance et amour.

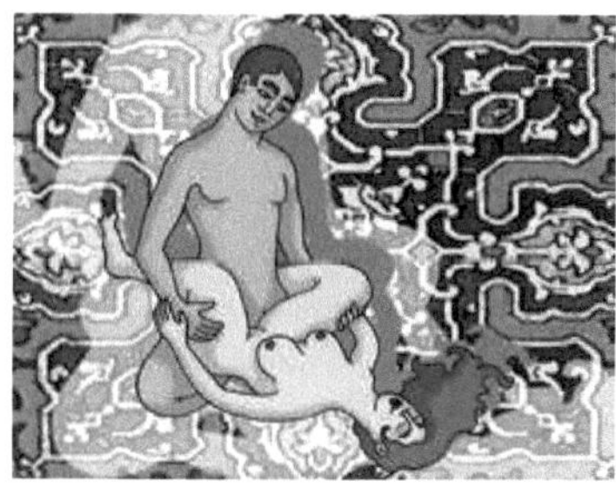

Si l'amant est dans la position du missionnaire. Madame peut le repousser sans ménagement. Elle le fait pour lui forcer la main et le laisser bouleverser le jeu amoureux. Il prend chacune de ses cuisses dans ses mains pour les replier sur le ventre de sa partenaire. Il pourra ainsi contempler l'intimité de la femme et même s'y consacrer quelque peu avant de la pénétrer.

Tenant fermement les jambes de sa partenaire, Monsieur décide du rythme et de la profondeur du va-et-vient. Il contrôle la pénétration jusqu'à ce que Madame ne veuille plus le laisser faire. Chacun des partenaires participe au mouvement, facilitant ainsi l'excitation, surtout si le rythme commun est parfaitement synchronisé.

Atteindre l'extase est alors à la portée de tous. Il suffit de toucher, d'explorer le corps de son partenaire, puisque les mains des amants sont libres.

L'homme peut se rapprocher de la femme pour lui donner de tendres baisers sur tout le corps, le visage et la bouche. Le coquillage est alors complètement ouvert, à la disposition de l'amant curieux.

Car cette position simple a de nombreux avantages. La femme, dans sa posture, est délicieusement en délice et dominée par son partenaire, mais elle peut également choisir de participer activement à l'union, ou préférer se laisser guider. La liberté de mouvement de la position du coquillage, et les alternatives qu'elle porte en elle sont parmi les principales qualités de cette position du Kamasutra. Mais ce serait oublier qu'elle facilite la pénétration et que dans cette posture, le vagin comprime fortement le pénis de Monsieur, ce qui ne peut que le stimuler plus encore. Ajouter à cela le confort du sexe sans acrobaties douloureuses, et la position du coquillage est un must.

Seul inconvénient : si Monsieur est trop zélé, Madame pourra ressentir quelques douleurs au niveau du vagin. Mais l'on peut toujours atteindre le plaisir suprême sans avoir besoin de trop d'entrain. C'est l'essence même de cette position : une variante du missionnaire qui présente de nombreux avantages et nécessite peu d'efforts. Parfaite, donc, pour que Madame ou Monsieur puisse connaître un orgasme inconnu jusqu'alors.

Le noeud coulant :

Attention, sexe ultime ! Le Kamasutra n'a jamais proposé position plus difficile et plus belle à la fois. Celle du noeud coulant accroche les amants pour une séance de sexe inoubliable. Attention, prêts pour une expérience unique ?

Ce n'est pas tous les jours que les amants pratiqueront la position du noeud coulant. Suprême des suprêmes, l'une des plus nobles positions du Kamasutra s'adresse uniquement aux initiés. Mais après tout, pourquoi ne pas s'y mettre dès aujourd'hui ?

La base est simple : les deux partenaires imitent la même posture. Il faut qu'un miroir s'établisse entre les amants pour réussir cette position du noeud coulant. Pour cela, Monsieur et Madame s'assoient face à face, en tailleur. Madame pose ses genoux sur les cuisses de son partenaire et vice versa. Les mains sont unies dans un accouplement des plus poétiques.

En se tenant si proches, la pénétration est facilitée. Encore plus si les partenaires sont bien souples. Les regards échangés sont tendres et intenses à la fois, de même que les baisers. Chacun peut alors prendre l'initiative de modifier la position. Se serrer tendrement au lieu de se tenir simplement par les mains. Chacun peut également poser une jambe alors que l'autre reste pliée. Le miroir reste en place pour que le confort s'installe entre les amants.

Dans la position du noeud coulant, les possibilités sont multiples, même si l'aborder reste très difficile. Il faudra sans doute s'y reprendre à plusieurs fois avant de trouver enfin la meilleure des postures, qui permettra à chacun de se concentrer sur le plaisir avant le maintien de la position. Et le contact rapproché des deux sexes ne pourra que faciliter la tâche. C'est finalement la même chose qu'un noeud coulant : difficile d'apprendre à le faire, mais une fois qu'on le maîtrise, on peut alors s'y remettre à l'infini.

Le phénix dans la joie :

Les positions assises en face à face permettent des variantes intéressantes grâce à la diversité des réalisations accessibles.

Dans tous les cas, la femme s'assied sur les cuisses de l'homme en se faisant pénétrer vaginalement. Mais l'homme peut être assis sur un siège (tabouret, chaise, fauteuil…) ou sur le bord du lit, et avoir les pieds posés au sol ; ou bien il peut être assis à même le sol, ou sur le bord du lit, avec les jambes étendues. De plus, il peut garder les cuisses jointes, ou les écarter - de telle façon que les fesses de la femme descendent plus ou moins entre ses cuisses - jusqu'à être carrément en tailleur.

Les avantages de ces positions sont le contact étroit des poitrines, l'enlacement serré de l'étreinte, les caresses faciles des cheveux, de la nuque, du cou, des épaules, du dos, des reins, des hanches, des fesses. La femme peut aisément déplacer son bassin dans des mouvements très excitants.

En prenant appui sur ses pieds, quand le couple est sur un siège, et en se soulevant et s'abaissant alternativement, elle peut en plus jouer avec le va-et-vient comme avec le frottement contre le ventre de son partenaire.

Dans ces positions, la pénétration peut être importante, et l'homme parvenir ainsi à «immerger son phénix dans une profonde joie».

Le couple peut aussi alterner les moments intenses, causés par des mouvements rapides, et les moments tendres, presque immobiles, dans l'abandon à la douceur de l'étreinte.

La position du pilon :

La position du pilon, si elle est difficile d'accomplissement pour l'homme, donne néanmoins au sexe plus de créativité dans l'union sexuelle. Presque de la magie... Rappelant le rythme réglé d'une coutume existant depuis des millénaires, le kamasutra remonte le temps pour retrouver l'authenticité de pratiques sexuelles anciennes.

Technique ancestrale pratiquée depuis les débuts de l'humanité, l'usage du pilon consiste à réduire en grains toute substance à l'aide d'un mortier. La position sexuelle du même nom s'associe à la brutalité de l'effort accompli, mais diffère par l'extrême raffinement de l'acte sexuel dans cette posture.

Pour satisfaire sa partenaire, Monsieur devra se mettre dans la peau d'un chevalier servant. Agenouillé sur la jambe droite, tenant le pied gauche droit devant lui, il s'avance vers sa partenaire. Celle-ci l'attend couchée sur le dos au centre du lit, les jambes écartées. C'est ainsi que Monsieur déclarera sa flamme ardente. Pour s'aider, la femme peut se tenir d'une main sur un coin du lit, et tenir une jambe de l'autre. Elle facilite ainsi la pénétration, qui n'est pas très aisée pour le soupirant, obligé de tenir une position inconfortable pendant l'acte.

On pourra donc varier les plaisirs. La femme repliera les jambes. Couchée sur un tas d'oreillers et de coussins, elle resserre les cuisses tandis que Monsieur essaiera de garder ses jambes écartées. Les sensations pour les deux partenaires sont décuplées par l'étroitesse du sexe féminin.

Que le mortier soit grand ou petit, Monsieur se débrouillera toujours, même si ce n'est pas aisé, de frapper le pilon au coeur. Quand il y parvient, cela confère à l'union sexuelle une allure presque cérémonielle.

Le vol des mouettes :

Au cours des relations sexuelles, il n'est guère possible de contempler toute l'anatomie de l'être aimé. Pour celui que la vue des seins transporte de plaisir, la posture du vol des mouettes est idéale. La poitrine de la femme s'étale devant l'homme, à portée de caresses et baisers ; l'absence d'effort physique nimbe le visage de l'amante d'une douceur que l'homme aura plaisir à métamorphoser en rictus de jouissance, au cours du coït.

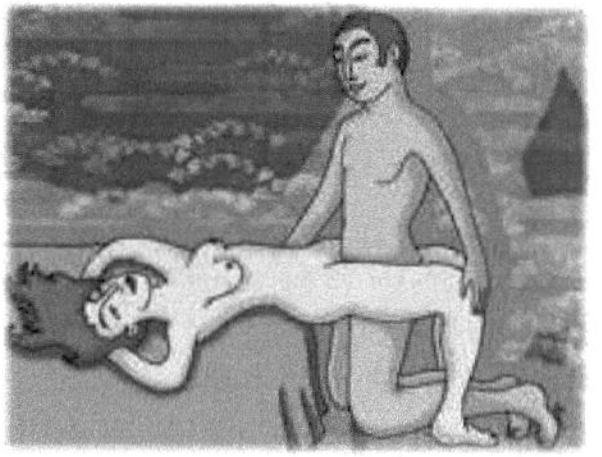

La femme repose confortablement à plat dos sur le matelas, de la tête jusqu'au bassin. Ses fesses sont à moitié hors du lit. Ses pieds posés à terre évitent qu'elle ne glisse ; ses cuisses écartées offrent sa vulve de façon très suggestive à son partenaire qui en sera probablement excité. Qu'il ne se presse pas, pourtant ! Il s'agenouille entre les cuisses de la femme et peut précéder la pénétration d'un cunnilingus ou d'autres stimulations qui attiseront le désir de chacun : par exemple guidant son pénis manuellement, l'homme en caresse le pubis de la femme, qui, au comble de l'excitation, réclamera d'être pénétrée.

L'homme étant agenouillé, son buste reste droit ; ainsi sa verge est parallèle au vagin qu'elle pénètre maintenant. Cet angle assez inhabituel - généralement dans les postures où l'homme chevauche la femme, le pénis a un mouvement descendant - procure des sensations fortes et inédites à chacun. L'homme effectue des mouvements vigoureux qui "transpercent" la femme. Celle-ci ne peut guère bouger, mais peut tout de même accompagner de quelques balancements des fesses les coups de reins de son partenaire. Pour la femme, cette position est avantageuse, puisque les muscles du dos, pour une fois, ne sont pas sollicités.

Le vol des mouettes, par le plaisir intense qu'il provoque, est une façon originale de s'accoupler. Cette posture, en associant la tendresse du regard et des caresses à la fougue des désirs conjugués, renforce la relation amoureuse.

Les rameurs :

Selon la mythologie grecque, c'est dans l'île de Cythère que fut portée Aphrodite, déesse de la beauté et symbole de la sensualité féminine, lorsqu'elle naquit de l'écume de la mer. Et si, à votre tour, vous embarquiez pour Cythère ? Il vous suffira de quelques coups de rames, pour rejoindre l'île de tous les plaisirs !

La posture des rameurs est davantage un jeu érotique qu'une nouvelle façon d'accéder à l'orgasme. On pourra la choisir pour développer des tensions sexuelles qui se résoudront dans une autre posture, ou seulement comme interlude, ou bien encore, lorsque l'homme, fatigué ou déjà comblé, souhaite prolonger le plaisir de la femme. Les contacts de peau à peau y sont étroits ; chacun lit dans le regard de l'autre la montée du désir et du plaisir.

Asseyez-vous, l'un en face de l'autre, les jambes écartées, légèrement repliées, les cuisses de la femme sur celles de l'homme. Dans cette position, l'homme fait pénétrer facilement son pénis dans le sexe de la femme. Vous pourrez alors incliner l'un et l'autre votre buste vers l'arrière, en vous soutenant, bras tendus aux chevilles de votre partenaire.

En balançant le buste d'avant en arrière, vous provoquez, dans ce mouvement de rameur, de délicieux frottements des testicules et de la base de la verge contre les petites lèvres. Le plaisir se diffusera jusqu'au clitoris. S'y ajoute, du fait de la symétrie des positions de l'homme et de la femme, le bonheur d'oublier à qui appartient le pénis : le temps de cette posture, vous êtes chacun à la fois l'homme et la femme. Profitez également de la vue que vous avez sur votre sexe et le sexe de votre partenaire en action : c'est une jolie source d'excitation !

Compte tenu de l'angle de pénétration et de la mobilité réduite de sa verge, l'homme ne parviendra pas à l'éjaculation, mais son pénis est néanmoins excité par le léger va-et-vient dans la chaleur moite du vagin.

Vous pouvez, bien entendu, changer de cap et apporter des variations à votre navigation : l'homme, redressant son buste, maintient celui de la femme, en plaçant ses mains sous ses aisselles. La femme soulève alors légèrement les pieds qu'elle peut croiser derrière le dos de l'homme, en détendant ses jambes : dans cette posture dite du “siège du cocher”, comme dans celle des rameurs, le coït lent permet d'accumuler, sans précipitation, une tension, qui vous mènera, un peu plus tard, dans une autre posture, à un orgasme puissant.

PARTIE 6 : Les Positions debout inspiré du Kamsutra :

Pour briser la routine, les partenaires peuvent faire l'amour debout. En s'appuyant sur les murs ou sur un meuble, ces positions permettent de varier les plaisirs ou de s'accommoder d'un espace réduit... Un dossier pour les aventuriers du sexe.

L'homme debout :

Les gravures présentant les positions sexuelles multiplient les variations où les partenaires sont couchés, à genoux, à quatre pattes, assis, à califourchon, mais montrent rarement les positions debout. Pourtant le cinéma, les gravures et la statuaire hindoue sont friands de cette position.

Une position peu pratique...

Bien sûr, être debout ne permet pas d'être aussi détendu que d'être couché ou assis. De plus, la femme est en général plus petite que l'homme, ce qui ne met pas en bonne position de face à face les organes génitaux : l'homme doit prendre des attitudes inconfortables afin de corriger la différence ; ou bien, il doit soulever la femme et la porter, ce qui peut s'avérer difficile pour certains, fatiguant, donc peu compatible avec le plaisir. Et même si les tailles des partenaires sont en harmonie, la station debout maintient les corps à une distance telle que la pénétration est difficilement assez profonde...

Mais une position très fantasmée...

Pourtant, quand le cinéma veut nous montrer un couple saisi d'un désir irrépressible, entraîné par la force de son émotion, il met à l'écran une femme qui s'agrippe à un homme debout, bras accrochés à son cou, cuisses relevées enserrant sa taille, et un homme qui la soutient par les fesses, ou qui l'appuie contre un mur pour s'aider à la porter. Et c'est dans cette position que le rapport a lieu, sans attendre un déshabillage très poussé.

Pour en arriver là, et pour que la position amène la jouissance, une jouissance tellement vive qu'on n'a pas voulu la retarder si peu que ce soit, il faut que le contexte s'y prête. Il ne peut s'agir d'une relation tendre, où tout se joue dans la nuance des regards et des gestes ; ni d'une relation entre débutants, tâtonnants, hésitants, pleins d'appréhension devant des actes et des sensations inconnus.

La brouette thaïlandaise :

La gymnastique sportive a du bon, la gymnastique sexuelle encore plus. Oublions la roue, la galipette ou le salto pour se pencher sur une position plus complexe : la brouette thaïlandaise. Quand souplesse rime avec agilité, légèreté avec endurance et équilibre avec concentration, ça nous donne une position inoubliable.

Parmi les positions du kamasutra, il y avait la brouette. Désormais, les amants téméraires auront aussi affaire à la brouette thaïlandaise, une position sexuelle exigeante, éreintante mais ô combien excitante.

Pour commencer, Monsieur est debout près du lit, Madame est agenouillée à son bord. L'un soulève de toutes ses forces le bassin de l'autre pour qu'il atteigne le niveau de sa taille. La femme peut alors se tenir sur le lit de ses deux bras tendus et poser ses pieds sur les épaules de l'homme. Elle ne voit pas son partenaire, mais lui a une vue réjouissante sur tout le corps de sa femme. Il aura besoin de fléchir un peu ses cuisses pour que son sexe puisse pénétrer le vagin. Dans cette posture quelque peu complexe, Madame nécessitera toute sa force pour se tenir presque en équilibre.

Et l'homme de mobiliser toute sa vigueur. Les frottements rapides et excitants de son sexe contre les parois du vagin sont aisés, mais le poids de sa partenaire peut être lourd à supporter. La femme ressent, elle, la force de la pénétration et son clitoris est stimulé. Si les amants sont courageux, ils peuvent tenir jusqu'à l'orgasme, surtout si la brouette thaïlandaise est exécutée avec brio. Mais la concentration qu'exige l'équilibre précaire maintenu par les amoureux peut faire abandonner la position. On se consolera alors d'une sérénissime levrette lorsque l'homme aura décidé de poser les genoux de sa partenaire sur le sol.

La gymnastique demandait des efforts aux sportifs pour se tenir en l'air, sur les mains. La brouette thaïlandaise, elle, demande plus que des efforts. Equilibre, force et concentration sont les clés pour trouver dans cette position un plaisir extrême. Aux amants, donc, de faire leurs preuves. Et de montrer à l'autre tout ce que l'on peut faire par amour, même quelques minutes.

La levrette debout :

La levrette debout : l'homme debout, bien campé sur ses deux jambes, les mains sur les hanches, et attend que la femme veuille prendre position debout courbée.

Quand elle aura fait la gymnastique adéquate, il acceptera au mieux de s'avancer, mais il faudra qu'elle sache présenter son sexe à la bonne hauteur, parce que Monsieur ne tentera rien pour s'adapter. Il prête son pénis, et c'est déjà beaucoup. Tout juste si, la connexion une fois établie, il se laissera aller à un léger balancement condescendant des reins, d'avant en arrière. Et encore. C'est donc sur elle que repose toute la réussite de la relation.

Pour que son sexe soit directement accessible, la femme écartera les jambes et se penchera en avant, prenant fermement appui sur le sol avec les mains. Ce qui, pour beaucoup, nécessitera de plier un peu les genoux, mais attention à laisser le sexe à hauteur suffisante, car, lui, trouverait fatigant de devoir plier les jambes pour un ajustement.

Cependant, la qualité des sensations obtenues par une pénétration vraiment profonde récompense largement l'effort de celles qui ont osé bousculer leur pudeur pour s'offrir de la sorte.

Certaines trouveront plus agréable de seulement se plier en avant en posant les mains sur les genoux. Elles peuvent ainsi se balancer plus aisément, dans le but de provoquer le va-et-vient en elles. Leur chance est d'être maîtresses du rythme et de ne pas dépendre des caprices ou de la fantaisie de l'homme qui, trop souvent, va trop vite quand il faut de la lenteur pour aller chercher l'excitation au fond de soi, et s'arrête intempestivement quand il faut précipiter le mouvement pour accompagner la montée de l'orgasme.

Mystérieuse entrevue :

En comparaison à l'union des amants, la mystérieuse entrevue est une position beaucoup plus surprenante. Facile et à essayer en tout temps et à tout moment, elle permet aux partenaires de se découvrir et de susciter leur imaginaire érotique tout en développant leur passion sexuelle.

La mystérieuse entrevue porte en elle les germes d'un fantasme à réaliser. On peut s'imaginer devenir quelqu'un d'autre, prendre une autre identité pour jouer à un jeu érotique très excitant. Les amants, sans vraiment se voir, peuvent se laisser aller à une imagination des plus débordantes.

Praticable n'importe où, à n'importe quel comment, la position de la mystérieuse entrevue nécessite seulement que les partenaires soient debout, la femme dos à l'homme, dont le ventre se presse contre son dos. Elle peut plus ou moins incliner le bassin afin que la verge la pénètre. Pour pimenter le tout, pourquoi ne pas jouer à se déshabiller en vitesse pour une séance de sexe express ? Ou porter un costume pour ainsi mieux rentrer dans un rôle (la soubrette, le gentleman, l'espionne, le policier...) ?

Ainsi unis, l'homme et la femme ont également le choix de ne jouer que leur propre rôle mais, à l'instar des films érotiques, peuvent aussi placer un miroir en face d'eux. Se voir ainsi dans l'intimité la plus profonde permettra aux amants de jouer avec leur corps, leurs regards et leurs sensations. Car, même si la position de la mystérieuse entrevue impose un contact très rapproché, la vision s'en retrouve bloquée. Surtout si la femme s'appuie sur un mur ou autre, cachant alors à son partenaire ses seins et son sexe. La différence de taille est aussi un inconvénient qu'il faudra pallier grâce à un coussin ou un tabouret. La femme peut également porter des talons si elle est beaucoup plus petite que l'homme.

Malgré quelques défauts, la position de la mystérieuse entrevue est néanmoins parfaite pour apprendre à connaître l'autre. Monsieur sera très excité par la pénétration et Madame, si son clitoris n'est pas stimulé, pourra néanmoins être titillée par son point G. Chacun a l'entière liberté de ses mouvements et de ses mains et peut choisir de caresser n'importe quelle partie du corps de l'autre.

Peu fatigante, très excitante et propice au jeu érotique, la mystérieuse entrevue est finalement une position très agréable, à pratiquer dès que l'envie vous prend. A l'extérieur ou en privé, c'est maintenant à vous de choisir.

La position du cerf en rut :

Assez difficile au prime abord, elle est néanmoins idéale pour des jeux sexuels plus sauvages, tels que les amants aiment à le pratiquer quelquefois. S'ils ont un contact limité dans cette position, ils pourront néanmoins faire appel à leurs instincts et ressusciter, le temps d'une union, le lointain temps des cavernes.

Le monde animal recèle de secrets qui nous sont utiles pour apprendre à connaître quelques astuces sur la sexualité. La position du cerf en rut est comme un retour aux instincts les plus profonds. Une quête animale du Kamasutra pour révéler la bête qui est en nous.

Imaginons : Madame dort tranquillement tandis que Monsieur ressent l'appel de la luxure. Sans ménagement, il entreprend alors de la réveiller pour la prendre sans retenue par la croupe. La soulevant de la seule force de ses deux bras, il la pénètre le vagin par derrière. Madame devra alors montrer si cette séance de sexe à l'état brut lui plaît ou non.

Elle peut en effet appuyer ses pieds sur n'importe quel support (mur, lit, table...) pour plus d'équilibre, en se tenant fermement à ses genoux. Monsieur l'aide en soulevant son bassin au rythme des va-et-vient. Si la pénétration n'est pas très aisée, surtout parce que Madame a les jambes relevées, elle se révèle néanmoins très profonde.

Mais la position du cerf en rut n'est pas destinée à n'importe qui. Monsieur se doit d'être assez musclé pour supporter le poids de sa partenaire avec ses bras et Madame se doit d'être assez souple pour à la fois être confortable dans cette position tout en tendant sa croupe le plus généreusement possible à son amant.

Avec de telles contraintes, cette position n'est donc pas idéale pour les amants qui ont besoin de se toucher et de se regarder. Le contact est minime et les partenaires ne se voient pas.

On peut donc y pallier en adoptant un grand miroir devant lequel les partenaires pourront même voir la pénétration. Ainsi formé, le couple pourra passer de longues nuits éreintantes, et la femme ne se passera plus du brame de son homme, toujours prêt à la satisfaire

Le collier de Vénus :

Avoir autour du cou les jambes de sa partenaire et pouvoir plonger le regard entre ses cuisses écartées donne une dimension presque magique à un banal accouplement.

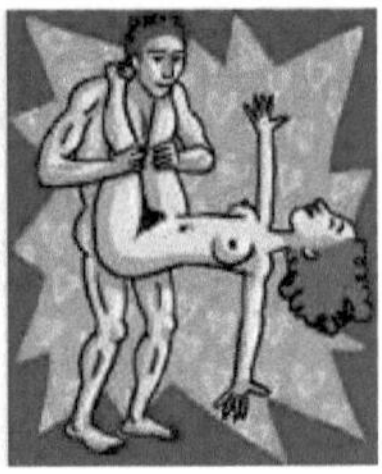

La position de base est classique, avec la femme allongée sur le dos au bord d'un lit assez haut ou d'une table, les cuisses relevées en équerre.

L'homme se tient debout entre les cuisses et place les jambes de la femme sur lui, les chevilles sur ses épaules, les pieds se rejoignant derrière sa tête. Il serre les cuisses de la femme contre lui, fermement, puis pivote pour lui faire quitter son appui et l'amener au-dessus du vide, hors de tout support : si elle a de bons abdominaux, elle peut rester ainsi en équerre par rapport à l'homme.

Sinon, elle a le choix entre deux variantes : soit elle s'accroche des mains aux bras ou aux épaules de son compagnon, ce qui lui permet en plus de pouvoir bouger et jouer avec la pénétration; soit elle se laisse aller en arrière, jusqu'à ce que ses mains puissent prendre appui sur le sol. Cette dernière position est la plus confortable dans ce contexte : le corps de la femme a un appui sur la nuque de l'homme, ses fesses et ses reins reposent sur ses cuisses à lui, le reste du dos est dans le vide, comme la tête.

L'angle très particulier de la verge et du vagin, ainsi que la tension inhabituelle des muscles des cuisses et des abdominaux pour les deux complices, font tout l'intérêt de cette position, à laquelle peu de corps peuvent rester insensibles.

Le marteau piqueur :

Dans la pénétration, on peut se contenter des sensations bien connues que procurent les mouvements de la verge quand elle est dans l'alignement de l'axe du vagin, et que le coulissement se fait selon cet axe. Mais l'on peut aussi rechercher d'autres emboîtages, procurant des sensations nettement différentes, parfois très excitantes.

Une des positions qui contrarie le plus la position naturelle en érection de la verge, donc qui offre les frottements les plus puissants, est celle du "marteau piqueur". Comme d'habitude, on n'a rien sans effort, et les excitations obtenues dans cette position doivent se mériter.

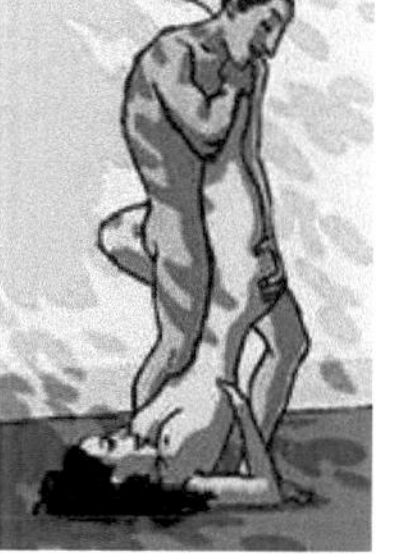

La femme prend la position dite "en chandelle" : verticale, la tête en bas, appuyée sur le haut du dos et les bras, les mains ramenées sous ses reins pour les soutenir. L'homme s'installe à cheval entre ses cuisses. Il aide la femme à garder la position en maintenant la jambe qui est devant lui. Pour effectuer la pénétration, du haut vers le bas, il fléchit légèrement les genoux.

Bien sûr, les préliminaires doivent avoir été efficaces, et le vagin doit être très bien lubrifié. Les sensations physiques de frottement sont des plus intenses pour la femme comme pour l'homme. Elles sont renforcées par l'excitation de la femme à être ouverte et offerte au regard de son compagnon directement dans son intimité. Et l'homme ne restera pas insensible à cette vue ainsi qu'à celle de son sexe effectuant le va-et-vient.

Une telle position ne peut être gardée très longtemps, et l'intensité des sensations a comme corollaire leur brièveté : la femme peut rarement, même retenue par l'homme, et sauf les sportives bien entraînées, demeurer ainsi sans fatigue. Pourtant cette position mérite la tentative, car il y a peu de pénétrations qui permettent de réunir aussi bien force des sensations et excitation visuelle.

Le trépied chancelant :

La position du trépied chancelant est déconseillée à ceux qui ont le mal de mer... Pour l'accomplir parfaitement, les amants doivent se risquer à perdre l'équilibre au risque de tomber. Résultat : une pénétration profonde pour l'une des meilleures positions du Kamasutra.

Dans un trépied, le secret de l'équilibre réside dans ce point invisible au centre du triangle formé par les bases de cette petite table. Les trois pieds forment un tout qui soutient le support. Mais ce n'est pas le cas dans le trépied chancelant, révélant une fragilité du maintien qui fait aussi le charme de cette position.

Les amants sont face à face, debout. Monsieur saisit la jambe gauche de Madame, la soutient de son bras droit, sous le genou. Ce qui permet à la femme d'avancer le bassin pour faciliter la pénétration et à l'homme de tendre sa jambe droite sous le sexe de son amante. Le couple forme ainsi un trépied instable. Et c'est là que réside le secret de cette position. L'homme, à chaque mouvement qu'il initie, soulève légèrement son pied droit ainsi que la jambe droite de sa femme. Celle-ci s'avance à chaque fois que son partenaire se retire. Tout en favorisant la pénétration, la position du trépied chancelant fait voguer entre deux points d'équilibre. Chacun a le visage de l'autre en face ainsi que le corps pour exciter sa vue. Chacun peut caresser son partenaire. Les deux peuvent également prendre le parti de s'enlacer tendrement pour plus d'intimité.

Favorisant la proximité, cette position permet aux amants de se parler et de se découvrir mutuellement. La femme découvre alors un plaisir inconnu dans cette pénétration vive, ainsi que l'homme, émoustillé par la pose érotique de sa partenaire. C'est donc un véritable échange qui naît dans le couple. Séduit par cette position, les partenaires pourront tenter l'expérience un peu partout à la maison. Car, essayer cette position, c'est déjà l'adopter !

Les nageurs :

Dans votre baignoire, les corps s'alanguissent, l'apesanteur leur offre davantage de grâce. La femme devenue sirène est une séduisante enchanteresse et les fantasmes des amants s'accordent volontiers aux caresses dans l'eau.

Que le lieu de vos amours liquides soit votre baignoire privée, mieux vaut, pour s'unir, une eau tiède et calme et ... un minimum d'intimité ! Tout peut commencer par des soins mutuels : en cultivant la complicité des corps, les gestes anodins font parfois naître un désir qui n'attendra pas le lit pour être assouvi. Les amoureux aiment pratiquer des massages corporels : qu'ils soient effectués à sec ou à l'aide d'un lait solaire ou d'une huile, ils ont généralement un effet à la fois excitant et relaxant sur le corps des deux partenaires. Les contacts de la peau avec les mains de l'autre sont électriques. Un geste simple comme celui de tracer une ligne de façon répétitive sur le ventre, dans le dos, ou en travers de la poitrine, produit des effets magiques.

Après ce préambule fait de caresses à caractère non sexuel, il arrive que les amants ne puissent plus patienter : comme si l'eau allait calmer leurs ardeurs, ils plongent dans la baignoire et s'amusent à se poursuivre ; les ventres puis les sexes se frôlent, les mains cherchent les zones les plus sensibles. Après s'être plongés dans leur intimité dans leur baignoire, l'homme et la femme se libèrent en contemplant leur nudité. S'allongeant dans l'eau, la femme fait la planche ; l'homme, soit debout, s'il a pied, soit nageant la brasse, glisse un bras sous son dos à la fois pour la retenir près de lui et la soutenir ; il mordille son sexe, l'embrasse ou le caresse. De même il peut s'allonger sur le dos et c'est au tour de la femme de flatter sa verge dressée hors de l'eau.

L'homme debout hisse dans ses bras la femme devenue légère par la vertu de l'eau et l'assoit sur son sexe bandé ; doigts croisés, ses mains forment un siège pour les fesses de sa compagne. La femme passe ses mains autour du cou de son amant ou les pose sur ses épaules, croise ses jambes derrière son dos ; ses cuisses enserrent le bassin de l'homme. Celui-ci, avec l'aide de l'eau qui allège le corps de sa maîtresse et des vagues qui la soulèvent régulièrement, la fait onduler sur sa verge, provoquant un va-et-vient lent et tendre.

PARTIE 7 : Les positions sexuelles acrobatiques :

Il n'est pas donné à tout le monde de vivre ces sensations-là ! Jouir en mobilisant toute sa musculature pour l'effort n'est pas une sinécure mais les sportifs et autres acrobates de l'amour ne sauront résister à ces jeux interdits.

<u>Celui qui reste à la maison :</u>

On appelle ainsi, dans les traités sur l'amour, une position où la femme déplace son bassin et où l'homme suit ses mouvements en s'efforçant de maintenir sa verge dans son vagin, c'est-à-dire, en somme, en essayant de "rester à la maison" !

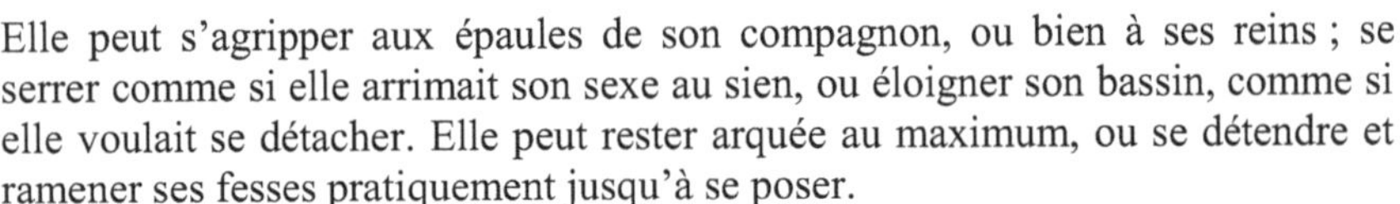

Tout d'abord, la femme est allongée sur le dos, cuisses écartées. L'homme est à quatre pattes au-dessus d'elle, les genoux entre ses cuisses à elle.

La femme, prenant appui sur ses épaules et sur ses pieds, soulève son bassin et se fait pénétrer. Une fois les partenaires accouplés, le mouvement peut commencer.

La femme fait onduler ses hanches, jouant avec les sensations que procurent les déplacements de la verge en elle et l'excitation de son clitoris.

Elle peut s'agripper aux épaules de son compagnon, ou bien à ses reins ; se serrer comme si elle arrimait son sexe au sien, ou éloigner son bassin, comme si elle voulait se détacher. Elle peut rester arquée au maximum, ou se détendre et ramener ses fesses pratiquement jusqu'à se poser.

Comme le principe est que l'homme ne doit pas sortir totalement du vagin, il doit, lui aussi, mouvoir ses hanches, en cherchant à accompagner les déplacements du bassin de la femme.

Attentifs l'un à l'autre, aux mouvements de l'autre, à leurs propres sensations érotiques génitales, les deux corps dansent, s'écartant et se rapprochant, se fuyant et se retrouvant, sur un rythme dont les variations font tout l'attrait : trop lent et provoquant la frustration, régulier et faisant monter la tension, rapide pour des sensations plus aiguës.

Il s'agit donc d'une position où la complicité entre les partenaires est primordiale, avec l'envie, pour l'un comme pour l'autre, de prendre son temps et de trouver le plus grand plaisir possible dans le jeu, en variant les tensions et les excitations

L'arc-en-ciel :

"Arc-en-ciel du matin, Fontaine le soir ; arc-en-ciel du soir, Fait du bon temps prévoir". Si l'on en croit les dictons populaires, l'arc-en-ciel est présage d'averse. Mais qui se plaindrait de la pluie de deux sexes unis ? Pour cette météo originale, donc, ne craignez ni la violence de l'orage ni la douceur d'une ondée de plaisir !

La posture de l'arc-en-ciel est bien moins relaxante que d'autres postures latérales. Elle exige, en outre, une attention particulière pour la réaliser ; mais une fois en place, quel spectacle !

Si vous disposez d'un miroir au-dessus ou devant de votre lit, vous en apprécierez la chorégraphie ; la complexité dans l'imbrication des corps de l'homme et de la femme en fait une posture sculpturale !

La femme se couche sur un côté, les jambes allongées. L'homme, sur le flanc également, se glisse entre les cuisses de la femme, tête bêche, jambes tendues. Sa partenaire a maintenant une cuisse appuyée sur la hanche de son amant, l'autre jambe reposant sur la couche.

L'homme pénètre la femme, jambes serrées ; il replie son buste, de sorte que ses mains peuvent s'agripper aux épaules de sa compagne, pour la maintenir et la caresser. Celle-ci attrape les pieds de l'homme ou ses chevilles, et les tire vers elle : dans cette position, appelée aussi "l'arc bandé" l'homme est l'arc, la femme est la flèche.

L'angle de pénétration de la verge est assez inhabituel, puisque les deux corps sont inversés l'un par rapport à l'autre. Du coup les sensations de la femme sont nouvelles, le pénis frotte latéralement contre son vagin dont l'ouverture est resserrée.

Pour l'homme, comme chaque fois qu'il est "à l'étroit", le plaisir vient des frottements du pénis sur toute sa longueur contre les muqueuses vaginales humides et brûlantes.

L'aurore boréale :

Lorsqu'Homère évoquait, dans l'Odyssée, "l'aurore aux doigts de rose", songeait-il à la sensualité qui émane de la femme émergeant du sommeil ? Aussi romantique que soit l'émoi amoureux au lever du jour, et aussi dressé soit le pénis de l'homme à son réveil, mieux vaut, pour réaliser la posture de l'aurore boréale, disposer de toute sa conscience, ainsi qu'être souple et musclé !

Comme dans toutes les postures acrobatiques, n'oubliez pas de précéder le coït de baisers, caresses, stimulations du clitoris et lubrification de la vulve et du pénis. Ne vous contentez pas de varier les postures ! Variez également les jeux érotiques ! Les postures nouvelles donnent l'occasion d'avoir un rapport différent au corps de l'autre, mais ne doivent pas se limiter seulement à une prouesse gymnastique !

Pour réaliser la posture de l'aurore boréale, la femme s'allonge à terre, sur le dos, les mains de part et d'autre de la tête, paumes vers le sol. Elle relève alors les coudes, soulève son bassin et ses épaules, la tête renversée en arrière, le buste arqué. Ses pieds reposent au sol ainsi que ses mains, et, éventuellement sa tête. Dans cette position cambrée, qu'elle ne tiendra pas nécessairement très longtemps, ses muscles abdominaux et fessiers sont bandés, son ventre aplati. A l'intérieur de son bassin, son périnée* se tend également, la préparant à des sensations intenses. L'homme sera certainement sensible à ce tableau sculptural ! Il s'agenouille alors sur des coussins devant sa partenaire ; il peut préférer se livrer à des caresses de la main ou de la langue sur sa vulve et son clitoris, avant de la pénétrer. Puis soutenant les hanches de la femme, il introduit son pénis dans le vagin de celle-ci .

Tandis que la femme doit maintenir l'équilibre, la posture est facile pour l'homme qui exerce son va-et-vient plus ou moins intensément. Dans cette posture, la femme est passive par nécessité. Du fait de la tension musculaire, son vagin est plus étroit qu'à l'habitude (c'est pourquoi une lubrification de la verge est nécessaire avant la pénétration), et donc les mouvements du pénis de l'homme sont la source d'un plaisir violent. Généralement l'orgasme survient rapidement chez la femme comme chez l'homme ; néanmoins, si le coït se prolonge et que les forces viennent à manquer à la femme, l'homme dépose doucement son bassin au sol et continue dans une posture moins contraignante pour elle.

L'étreinte du panda

Pour s'unir dans cette étreinte, la femme et l'homme s'allongent de tout leur long sur le côté, en se faisant face, mais en tête-bêche, le visage de la femme devant les jambes de l'homme, et inversement. Une position très riche de sensations.

Quand elle est suffisamment excitée, quand son vagin est bien lubrifié et permet la pénétration, la femme replie ses jambes : glissant l'une sous le corps de l'homme et passant l'autre au-dessus, elle enserre le bassin de son partenaire et se fait pénétrer en se collant contre lui.

Jouir de la vue et des caresses

L'homme a alors sous les yeux les fesses de la femme, bien écartées, et laissant admirer le bassin de sa femme et la vulve. Ses mains sont libres pour une grande variété de caresses qui n'oublieront pas les hanches ni les cuisses. Si la femme en manifeste le désir, ou la curiosité, l'homme peut pénétrer l'anus avec un doigt : les relations nerveuses très étroites entre les fibres musculaires du sphincter de l'anus et celles des muscles de l'entrée du vagin font que l'excitation des unes se transmet aux autres et en multiplie les réactions.

C'est pour cette raison qu'une telle pénétration double procure souvent des orgasmes plus intenses à celle qui a appris à jouer avec les excitations multiples.

La position de la berceuse :

La position de la berceuse s'exerce avec douceur et sérénité. Le secret : un balancement incontrôlé qui donnera le vertige aux amants. Ceux-ci seront alors prêts aux plus grands efforts afin d'apprendre à se connaître et à s'aimer. La tendresse en plus.

Le Kamasutra nous le fait revivre à travers la position de la berceuse, tendresse et sensations à la fois, elle convient à tous les amants en recherche perpétuelle de volupté.

Assis sur le lit, Monsieur tend une jambe et plie l'autre sous ses fesses. Il devra faire en sorte de tenir en équilibre sur ses deux cuisses, autrement la position serait très inconfortable. Pour cela, il peut basculer légèrement en arrière, tandis que Madame s'assoit sur sa jambe pliée et pose ses pieds sur les épaules de son partenaire, qui devra s'accrocher aux cuisses de son amante. Celle-ci est difficilement à l'aise. Elle peut s'appuyer sur ses deux mains si elle le souhaite. Mais la position de la berceuse se pratique sans aucun appui. Avec la jambe de son amant pour seul appui, Madame risque de tomber à tout moment. Monsieur doit donc la soutenir tout en la pénétrant. Il insiste sur les mouvements afin de laisser sa partenaire aller d'avant en arrière.

Le balancement perpétuel de la berceuse est lancé. Madame s'accroche pour se laisser gentiment aller vers l'arrière, Monsieur la retient pour qu'elle revienne en avant. L'acte sexuel est doux et agréable. La pénétration n'est pas profonde mais permet au couple d'apprécier le plaisir en toute sérénité. Pas d'à-coups, ni de violences : la position de la berceuse permet aux amoureux de s'exprimer à force de caresses, de baisers et de regards intenses.

Malheureusement, cette position difficile ne s'adresse qu'aux plus souples et actifs des amants. Ceux qui n'ont pas peur de faire de nombreux efforts pour quelques minutes de plaisir, car la position de la berceuse ne peut être pratiquée très longtemps. Néanmoins, ce sera sûrement l'une des positions sexuelles qui vous feront passer une bonne nuit.

La bête à deux têtes :

Il est un temps pour la passion, un autre pour les jeux. En amour aussi, c'est possible de s'amuser ! Lorsque les relations sexuelles prennent un tour trop routinier, lorsque les gestes se répètent au lieu de s'inventer, le rire est le meilleur moyen de réveiller le désir.

La bête à deux têtes fait partie de ces postures, dont l'intérêt principal est d'encourager les amants à jouer avec leurs corps. Ne boudez pas ce plaisir-là ! C'est en vous y prêtant que vous deviendrez curieux de nouvelles postures, qui vous feront sans nul doute accéder à des sensations inédites !

Les amants, dans la posture de la bête à deux têtes, sont à contresens, de sorte que les contacts physiques sont limités au seul contact de leurs sexes. Mieux vaut donc, auparavant, s'offrir quelques caresses préliminaires. Les plus adaptées paraissent être un "congrès du corbeau" familièrement appelé le soixante-neuf se livrant simultanément à une fellation et à un cunnilingus, les deux partenaires ont ainsi tout le temps de jouir des contacts intimes de leurs corps, tout en se stimulant mutuellement. Lorsqu'ils ne peuvent plus résister au plaisir de faire fusionner leurs sexes, l'homme, toujours agenouillé et tournant le dos à sa compagne, s'écarte d'elle. La femme s'étend sur le dos, glisse un coussin sous ses fesses, de façon à rehausser son bassin. Puis, s'aidant au besoin de ses mains, elle soulève ses cuisses et ses jambes qu'elle garde écartées au-dessus d'elle. Dans cette position, son sexe s'ouvre largement. Elle repose maintenant les bras sur le lit et détend son corps. L'homme revient vers elle, se déplaçant à quatre pattes, à reculons et à l'aveuglette, jusqu'à ce qu'elle puisse saisir son pénis dressé.

La brouette :

Qui n'a joué à promener sur l'herbe ou sur le sable un camarade dont il soutenait les jambes, tandis que celui-ci s'appuyait sur les mains pour avancer ? La brouette, que je vous propose aujourd'hui, ajoute au jeu de notre enfance le plaisir érotique ! Pour les amateurs de "jardinage amoureux", donc, voici une manière originale de s'unir ailleurs qu'au lit, et - pour vous, mesdames - une façon inédite de visiter les lieux de vos ébats.

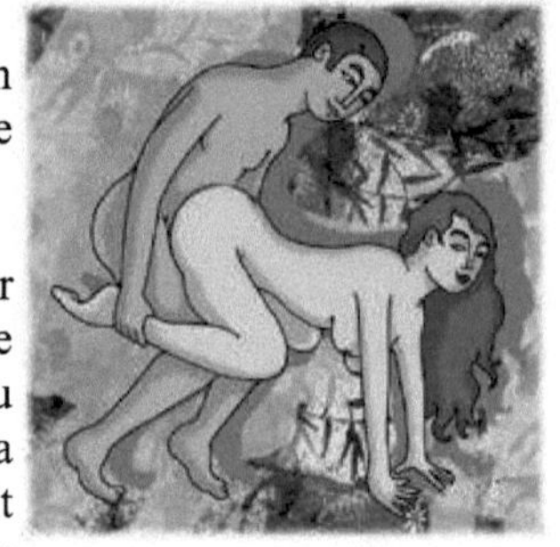

Bien entendu, ne choisissez pas, pour l'essayer, un jour où vous êtes fatigué : la brouette exige une participation active des deux partenaires.

Pour commencer, la femme pose ses avant-bras sur des coussins de part et d'autre de la tête. A quatre pattes sur le tapis ou le carrelage, elle offre au regard de l'homme le spectacle affriolant de sa croupe redressée. Debout derrière elle, il se saisit alors de ses chevilles, soulève ses fesses et serre les cuisses de sa partenaire contre ses hanches ; puis, se fléchissant autant que nécessaire, il la pénètre vigoureusement ; la femme a maintenant le buste soulevé, les jambes repliées sous elle, genoux sur la poitrine. La particularité de cette posture acrobatique, est de combiner efforts gymniques et sensations fortes : car la pénétration est profonde et violente. Les frottements rapides de la base de la verge et des testicules de l'homme contre le pubis provoquent excitation et plaisir chez la femme. L'effet de la verge, qui semble "défoncer" son vagin, précipite l'orgasme. L'homme appréciera d'être celui qui domine et dirige sa partenaire, la rudoyant jusqu'à l'assouvissement. Dans le feu de l'action, la femme peut se déplacer à travers la pièce, encourageant ainsi l'homme à accélérer le va-et-vient de sa verge. Les contacts corporels entre l'homme et la femme sont limités, mais la tension musculaire, qu'impose la position, polarise le plaisir sur la vulve et le pénis.

Cependant, cette posture s'avère parfois difficile à garder jusqu'à l'éjaculation, parce qu'il faut se concentrer sur l'équilibre à tenir ; si nécessaire, l'homme, sans risquer de s'interrompre au paroxysme du plaisir, dépose les jambes de la femme à terre, et continue en levrette.

Peut-être jugerez-vous la posture de la brouette complexe, mais vous apprécierez le dynamisme et l'intensité qu'elle donne à l'acte sexuel.

La brouette thaïlandaise :

La gymnastique sportive a du bon, la gymnastique sexuelle encore plus. Oublions la roue, la galipette ou le salto pour se pencher sur une position plus complexe : la brouette thaïlandaise. Quand souplesse rime avec agilité, légèreté avec endurance et équilibre avec concentration, ça nous donne une position inoubliable.

Parmi les positions du kamasutra, il y avait la brouette.Désormais, les amants téméraires auront aussi affaire à la brouette thaïlandaise, une position sexuelle exigeante, éreintante mais ô combien excitante.

Pour commencer, Monsieur est debout près du lit, Madame est agenouillée à son bord. L'un soulève de toutes ses forces le bassin de l'autre pour qu'il atteigne le niveau de sa taille. La femme peut alors se tenir sur le lit de ses deux bras tendus et poser ses pieds sur les épaules de l'homme. Elle ne voit pas son partenaire, mais lui a une vue réjouissante sur tout le corps de sa femme. Il aura besoin de fléchir un peu ses cuisses pour que son sexe puisse pénétrer le vagin. Dans cette posture quelque peu complexe, Madame nécessitera toute sa force pour se tenir presque en équilibre.

Et l'homme de mobiliser toute sa vigueur. Les frottements rapides et excitants de son sexe contre les parois du vagin sont aisés, mais le poids de sa partenaire peut être lourd à supporter. La femme ressent, elle, la force de la pénétration et son clitoris est stimulé. Si les amants sont courageux, ils peuvent tenir jusqu'à l'orgasme, surtout si la brouette thaïlandaise est exécutée avec brio. Mais la concentration qu'exige l'équilibre précaire maintenu par les amoureux peut faire abandonner la position. On se consolera alors d'une sérénissime levrette l'homme aura décidé de poser les genoux de sa partenaire sur le sol.

La gymnastique demandait des efforts aux sportifs pour se tenir en l'air, sur les mains. La brouette thaïlandaise, elle, demande plus que des efforts. Equilibre, force et concentration sont les clés pour trouver dans cette position un plaisir extrême. Aux amants, donc, de faire leurs preuves. Et de montrer à l'autre tout ce que l'on peut faire par amour, même quelques minutes.

La culbute :

Culbuter une femme, c'est, en langage familier, la renverser pour lui faire l'amour. Les galipettes à deux, autre manière de désigner l'acte sexuel, se transforment parfois en un jeu acrobatique, et c'est tant mieux si l'on s'y amuse !

La posture de la "culbute" demande, en effet, quelques efforts gymniques et exige de la femme une bonne musculation abdominale.

Pour commencer, prévoyez un tapis épais ou une couette confortable que vous étendrez au sol. La femme garde sur elle un pantalon léger, tel qu'un pyjama en percale, par exemple ; elle le descend en bas des jambes, qu'elle a écartées : ses talons sont ainsi entravés par le vêtement. Elle se courbe alors en deux et place sa tête entre ses pieds, de telle façon que son cou se prend dans le pantalon.

L'homme, qui s'est placé derrière elle et jouit d'une vue imprenable, saisit les jambes de sa compagne et la renverse sur le dos avec précaution, en lui faisant faire la culbute.

A l'aide de ses mains, la femme, désormais étendue sur le sol, maintient les pieds le plus près possibles de la tête, de part et d'autre de celle-ci, les fesses à peine soulevées ; les plus souples réussiront peut-être, sans le secours du pantalon, à placer leurs pieds sous la tête. Dans cette position, la vulve de la femme est largement ouverte et s'offre à l'homme qui, au choix, peut s'accroupir face à sa partenaire, et y glisser immédiatement son pénis ou préférer se livrer à un cunnilingus : il s'accroupit alors sur sa compagne, en position inversée, les fesses au-dessus de sa tête, en veillant à ne pas l'écraser de son poids. Il stimule délicatement avec la langue et la bouche ses petites lèvres et son clitoris, continue jusqu'au périnée et pénétrer le vagin de sa tendre épouse joyeuse, une zone particulièrement innervée donc sensible. En même temps les deux amants savourent les frottements des fesses, des testicules et de la verge de l'homme contre le ventre ou les cuisses de la femme.

La position de la tigresse :

La position de la tigresse permet à Madame d'excuser les erreurs de son époux bien aimé. Mais pour se faire pardonner, Monsieur devra redoubler d'efforts...

Comment amadouer une femme en colère ? Une tigresse folle de jalousie ou soupçonneuse ? Comment en faire un petit chat amadoué et ronronnant ? La position de la tigresse, c'est l'idéal.

L'échauffourée vient de finir, elle est encore en colère. Monsieur devra donc déployer toute sa technique pour pousser Madame à se réconcilier sur l'oreiller. Une fois sur le lit, il s'assied et prend sa partenaire par la taille. Elle écarte ses jambes et pose ses pieds sur les épaules de son amant. D'une main, elle se tient sur le lit, et entoure l'autre bras autour du cou de Monsieur.

La pénétration débute tendrement, et si Monsieur a des bras musclés, il pourra en renforcer la vigueur à sa guise. Disposée au plaisir, Madame laisse gentiment son amant diriger le va-et-vient dans une posture des plus lascives, lui permettant d'avoir une jolie vue sur son corps et son sexe. Excité par la vision de la pénétration, il peut alors accélérer le rythme.

Madame devient alors une vraie tigresse. S'enchaînant à lui, elle enfonce avec douceur et charme ses griffes dans le dos de son amant, lui mordille le cou, les épaules, les bras, en ayant pris soin d'écarter ses propres jambes. Car la position de la tigresse révèle l'animal qui est en elle mais non agressive juste des jeux pour pimenter l'intimité. Sauvage et instinctive, sa souplesse convient à un acte sexuel plein d'érotisme. C'est aussi dans la position de la tigresse qu'elle pourra se caresser et laisser Monsieur la voir dans cet acte intime.

Une position idéale pour retrouver le calme après la tempête. Réunir des amants séparés par le quotidien, les soucis ou le travail. La tigresse, dans la sueur et les cris, retrouvera sa sérénité si Monsieur est assez fort pour la soutenir. C'est le prix à payer pour voir sa femme sourire à nouveau.

La position de l'acrobate :

Une simple chaise peut susciter l'imagination d'un couple prêt à toutes les expériences sexuelles. Pour les initiés, la position de l'acrobate est un tour de force que seuls les plus souples seront capables d'achever. Proximité du couple, effort et plaisir sont alors garantis.

Une chaise peut être beaucoup plus qu'un simple support fessier. Elle peut même devenir une balancelle telle que celles qu'admirent les enfants au cirque. Où l'on peut s'asseoir sans avoir du tout l'intention de se reposer. Pour les amants infatigables, l'acrobate est une position exigeante mais forte en sensations.

Assis sur un simple tabouret, l'homme voit sa partenaire monter à califourchon sur son bassin, face à lui. Elle rejette son buste en arrière, laissant flotter ses cheveux sur le sol ou sur un coussin pour plus de confort. Chacun s'agrippe fermement à l'autre. La femme se tient aux jambes de l'homme pour éviter de tomber et son partenaire peut ainsi choisir comment la maintenir en place. Il s'accrochera aux bras de sa femme pour plus de prise mais peut également choisir de caresser la corps de son amante pour plus de plaisir encore.

Ceux-ci sont donc prêts à s'embarquer dans un voyage des plus délicieux. L'homme anime un mouvement de va-et-vient qui fera chavirer assez vite sa partenaire. Il peut la maintenir d'une main sur le dos et écarter les jambes pour laisser plus d'espace à la femme. La paroi avant de son vagin est stimulée et, tout en s'agrippant d'une main à son amant, elle peut frotter son clitoris, offrant une vue imprenable sur son corps. L'homme peut enfin descendre et stimuler lui-même le clitoris par de simples petits coups de langue.

La femme est l'acrobate mais finalement, l'homme est l'élément déclencheur. Il doit tout à la fois garder l'équilibre, favoriser la pénétration et maintenir sa partenaire, la femme étant celle qui facilitera le coït par de simples mouvements. Le contact des corps ne s'est jamais fait si proche, si haletant, si érotique.

Priorité essentielle : dans la position de l'acrobate, la souplesse est de rigueur. L'homme doit être capable de se baisser jusqu'à atteindre le sexe de sa partenaire, tandis que la force de ses bras lui permettra de la maintenir en position. La femme peut se déployer jusqu'au sol et tenir ainsi plusieurs minutes sans que le sang lui montant à la tête ne lui donne le vertige. Stimulés ainsi, les partenaires peuvent adopter le jeté arrière pendant le rapport sexuel et essayer une autre posture s'ils veulent aller directement à la jouissance. Car la fatigue aura vite raison de nos acrobates en herbe.

<u>L'artilleur :</u>

Certains hommes aiment à se conduire en guerriers de l'amour. Transformant les jeux sexuels en un affrontement, ils soumettent la femme à une gymnastique érotique contraignante, jouissant alors d'un sentiment de toute-puissance qui dope leur libido.

La posture en artilleur, justement, donne aux hommes le sentiment de manœuvrer leur femme comme on manœuvre un canon, ce qui devrait donc combler les tenants de l'amour ! Quant aux femmes, si elles acceptent, de s'abandonner aux fantaisies de leur amant, pour devenir l'instrument de leur plaisir, elles découvriront une jouissance différente, celle que produit la soumission sexuelle, à laquelle, peut-être, elles aspiraient secrètement !

L'homme installe la femme en position assise, au bord d'un lit, d'une chaise ou d'un tabouret. Lui-même s'agenouille sur un coussin, le buste bien droit, sa bouche à la hauteur de celle de sa compagne, les deux sexes prêts à se rencontrer. Il saisit les jambes de sa maîtresse, les écarte et les place en appui sur ses épaules, comme les deux leviers qui servent à manoeuvrer une pièce de canon sur un affût !

La position du cerf en rut :

Eveillez les sensations intenses qui est en vous, avec la position du cerf en rut. Assez difficile au prime abord, elle est néanmoins idéale pour des jeux sexuels , tels que les amants aiment à le pratiquer quelquefois. S'ils ont un contact limité dans cette position, ils pourront néanmoins faire appel à leurs instincts et ressusciter, le temps d'une union, le lointain temps des cavernes.

Le monde animal recèle de secrets qui nous sont utiles pour apprendre à connaître certaines positions différentes qui sommeillent en nous. La position du cerf en rut est comme un retour aux instincts les plus profonds.

Imaginons : Madame dort tranquillement tandis que Monsieur ressent l'appel de la luxure. Sans ménagement, il entreprend alors de la réveiller pour la prendre sans retenue par la croupe. La soulevant de la seule force de ses deux bras, il la pénètre le vagin par derrière. Madame devra alors montrer si cette séance de sexe à l'état brut lui plaît ou non.

Elle peut en effet appuyer ses pieds sur n'importe quel support (mur, lit, table…) pour plus d'équilibre, en se tenant fermement à ses genoux. Monsieur l'aide en soulevant son bassin au rythme des va-et-vient. Si la pénétration n'est pas très aisée, surtout parce que Madame a les jambes relevées, elle se révèle néanmoins très profonde.

Mais la position du cerf en rut n'est pas destinée à n'importe qui. Monsieur se doit d'être assez musclé pour supporter le poids de sa partenaire avec ses bras et Madame se doit d'être assez souple pour à la fois être confortable dans cette position tout en tendant sa croupe le plus généreusement possible à son amant.

Avec de telles contraintes, cette position n'est donc pas idéale pour les amants qui ont besoin de se toucher et de se regarder. Le contact est minime et les partenaires ne se voient pas. On peut donc y pallier en adoptant un grand miroir devant lequel les partenaires pourront même voir la pénétration. Ainsi formé, le couple pourra passer de longues nuits éreintantes, et la femme ne se passera plus du brame de son homme, toujours prêt à la satisfaire.

Le collier de Vénus :

Avoir autour du cou les jambes de sa partenaire et pouvoir plonger le regard entre ses cuisses écartées donne une dimension presque magique à un banal accouplement.

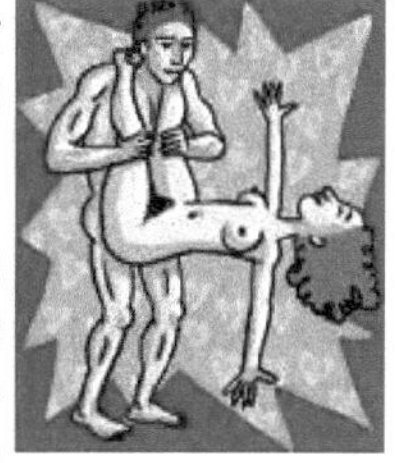

La position de base est classique, avec la femme allongée sur le dos au bord d'un lit assez haut ou d'une table, les cuisses relevées en équerre.

L'homme se tient debout entre les cuisses et place les jambes de la femme sur lui, les chevilles sur ses épaules, les pieds se rejoignant derrière sa tête. Il serre les cuisses de la femme contre lui, fermement, puis pivote pour lui faire quitter son appui et l'amener au-dessus du vide, hors de tout support : si elle a de bons abdominaux, elle peut rester ainsi en équerre par rapport à l'homme.

Sinon, elle a le choix entre deux variantes : soit elle s'accroche des mains aux bras ou aux épaules de son compagnon, ce qui lui permet en plus de pouvoir bouger et jouer avec la pénétration vaginale; soit elle se laisse aller en arrière, jusqu'à ce que ses mains puissent prendre appui sur le sol. Cette dernière position est la plus confortable dans ce contexte : le corps de la femme a un appui sur la nuque de l'homme, ses fesses et ses reins reposent sur ses cuisses à lui, le reste du dos est dans le vide, comme la tête.

L'angle très particulier de la verge et du vagin, ainsi que la tension inhabituelle des muscles des cuisses et des abdominaux pour les deux complices, font tout l'intérêt de cette position, à laquelle peu de corps peuvent rester insensibles.

Le grand écart :

Quand la géométrie se mêle d'amour, c'est bien sûr pour y apporter plaisir et fantaisie ! Dans la posture du grand écart, les angles et les mesures déterminent l'intensité du coït. Amusez-vous donc, gymnastes amoureux, et accouplez-vous selon une chorégraphie excitante qui libèrera votre imagination sexuelle !

Le grand écart, c'est la position que prend une danseuse, lorsque buste vertical, fesses en contact avec le sol, ses deux jambes forment un angle de 180 degrés : en amour, la posture du grand écart requiert de la souplesse, mais pas d'entraînement particulier ! Et si elle nécessite un échauffement préalable de la femme, celui-ci a pour but non de détendre ses ligaments, mais de la préparer au plaisir du coït !

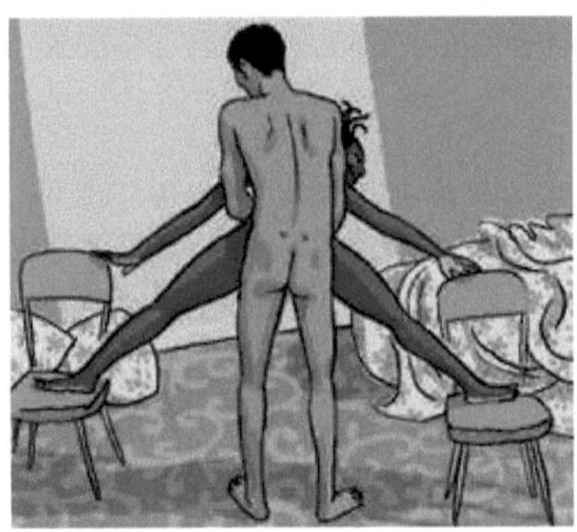

La femme monte debout sur deux chaises, un pied sur chaque siège. Evidemment, il faut prendre soin de choisir des chaises stables et solides, qui ne risquent pas de se renverser en plein exercice amoureux ! La femme, face aux dossiers, y pose ses mains. Son amant, auquel elle tourne le dos, écarte lentement les deux chaises l'une de l'autre, de sorte que les jambes de sa maîtresse s'écartent doucement, elles aussi, et forment le plus grand angle possible : plus grand est l'écart, plus accessible se trouve la vulve, à la fois par sa hauteur, par rapport à la hauteur du sexe de l'homme, et par sa position et son ouverture. Car, le sexe ainsi écartelé, la dame offre un passage facile au pénis de son amant.

Le marteau piqueur :

Dans la pénétration, on peut se contenter des sensations bien connues que procurent les mouvements de la verge quand elle est dans l'alignement de l'axe du vagin, et que le coulissement se fait selon cet axe. Mais l'on peut aussi rechercher d'autres emboîtages, procurant des sensations nettement différentes, parfois très excitantes.

Une des positions qui contrarie le plus la position naturelle en érection de la verge, donc qui offre les frottements les plus puissants, est celle du "marteau piqueur". Comme d'habitude, on n'a rien sans effort, et les excitations obtenues dans cette position doivent se mériter.

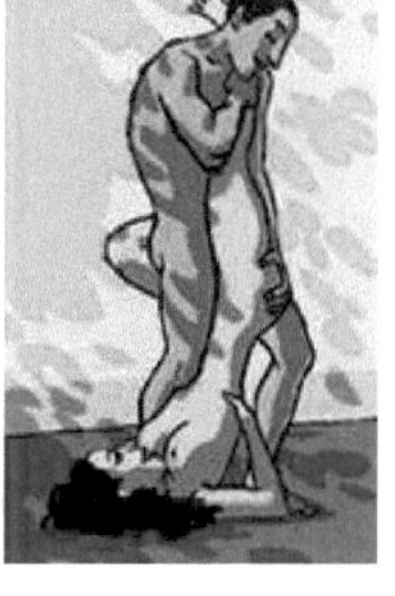

La femme prend la position dite "en chandelle" : verticale, la tête en bas, appuyée sur le haut du dos et les bras, les mains ramenées sous ses reins pour les soutenir. L'homme s'installe à cheval entre ses cuisses. Il aide la femme à garder la position en maintenant la jambe qui est devant lui. Pour effectuer la pénétration, du haut vers le bas, il fléchit légèrement les genoux.

Bien sûr, les préliminaires doivent avoir été efficaces, et le vagin doit être très bien lubrifié. Les sensations physiques de frottement sont des plus intenses pour la femme comme pour l'homme. Elles sont renforcées par l'excitation de la femme à être ouverte et offerte au regard de son compagnon directement dans son intimité. Et l'homme ne restera pas insensible à cette vue ainsi qu'à celle de son sexe effectuant le va-et-vient.

Une telle position ne peut être gardée très longtemps, et l'intensité des sensations a comme corollaire leur brièveté : la femme peut rarement, même retenue par l'homme, et sauf les sportives bien entraînées, demeurer ainsi sans fatigue. Pourtant cette position mérite la tentative, car il y a peu de pénétrations qui permettent de réunir aussi bien force des sensations et excitation visuelle.

Le noeud coulant :

Attention, sexe ultime ! Le Kamasutra n'a jamais proposé position plus difficile et plus belle à la fois. Celle du noeud coulant accroche les amants pour une séance de sexe inoubliable. Attention, prêts pour une expérience unique.

Ce n'est pas tous les jours que les amants pratiqueront la position du noeud coulant. Suprême des suprêmes, l'une des plus nobles positions du Kamasutra s'adresse uniquement aux initiés. Mais après tout, pourquoi ne pas s'y mettre dès aujourd'hui ?

La base est simple : les deux partenaires imitent la même posture. Il faut qu'un miroir s'établisse entre les amants pour réussir cette position du noeud coulant. Pour cela, Monsieur et Madame s'assoient face à face, en tailleur. Madame pose ses genoux sur les cuisses de son partenaire et vice versa. Les mains sont unies dans un accouplement des plus poétiques.

En se tenant si proches, la pénétration est facilitée. Encore plus si les partenaires sont bien souples. Les regards échangés sont tendres et intenses à la fois, de même que les baisers. Chacun peut alors prendre l'initiative de modifier la position. Se serrer tendrement au lieu de se tenir simplement par les mains. Chacun peut également poser une jambe alors que l'autre reste pliée. Le miroir reste en place pour que le confort s'installe entre les amants.

Dans la position du noeud coulant, les possibilités sont multiples, même si l'aborder reste très difficile. Il faudra sans doute s'y reprendre à plusieurs fois avant de trouver enfin la meilleure des postures, qui permettra à chacun de se concentrer sur le plaisir avant le maintien de la position. Et le contact rapproché des deux sexes ne pourra que faciliter la tâche. C'est finalement la même chose qu'un noeud coulant : difficile d'apprendre à le faire, mais une fois qu'on le maîtrise, on peut alors s'y remettre à l'infini.

Le petit pont :

Challenge pour l'un, situation délicate pour l'autre : la position du petit pont est une expérience à tenter pour les amants insatiables, prêts à toutes les expériences. Un jeu érotique réservé aux pros du sexe, aux sportifs et aux acrobates. Une position amusante et très originale.

Attention, cette position est un véritable défi. Un challenge pour un homme assez souple, musclé et sans aucun antécédent médical concernant son dos. La femme, elle, devra se faire légère sur le corps de son partenaire tout en faisant des mouvements du bassin.

L'homme se met de dos sur le lit ou le sol, et déplace ses membres pour l'aider à se soulever. Il se tient sur les mains et les pieds, la tête à l'envers. La femme s'assoit délicatement au niveau du sexe de son amant. Elle se tient sur la pointe des pieds pour atténuer son poids. Ce sera à elle, tout en faisant très attention au dos de son chéri, de faire des mouvements de va-et-vient. Doucement d'abord, avant de varier ensuite le rythme et la position. Les mouvements peuvent s'enrichir de circonvolutions, dans le sens des aiguilles d'une montre ou tout simplement où votre imagination vous guide.

Ainsi, les partenaires trouvent un terrain d'entente autour du sexe de l'homme. Monsieur se tient fermement pour freiner les assauts de Madame, elle veille à ne pas trop brusquer son amant. Résultat : une pénétration assez profonde et une certaine amplitude de mouvement. Mais cette position a également de multiples inconvénients. L'homme n'est pas à son aise et doit vite abandonner sa pose pour éviter que sa tête n'explose. La femme ne peut pas beaucoup bouger et doit sans cesse faire attention, ce qui est un facteur gênant quand on veut prendre du plaisir.

Au fond, la position du petit pont ressemble beaucoup plus à un jeu érotique qu'à une vraie partie de jambes en l'air. Quand les amants passent la nuit éveillée, tentant toutes les expériences, toutes les sensations, pour une séance de sexe interminable, il y aura bien une place accordée au petit pont.

La position du pilon :

La position du pilon, si elle est difficile d'accomplissement pour l'homme, donne néanmoins au sexe plus de créativité dans l'union sexuelle. Presque de la magie... Rappelant le rythme réglé d'une coutume existant depuis des millénaires, le kamasutra remonte le temps pour retrouver l'authenticité de pratiques sexuelles anciennes.

Technique ancestrale pratiquée depuis les débuts de l'humanité, l'usage du pilon consiste à réduire en grains toute substance à l'aide d'un mortier. La position sexuelle du même nom s'associe à de l'effort accompli, mais diffère par l'extrême raffinement de l'acte sexuel dans cette posture.

Pour satisfaire sa partenaire, Monsieur devra se mettre dans la peau d'un chevalier servant. Agenouillé sur la jambe droite, tenant le pied gauche droit devant lui, il s'avance vers sa partenaire. Celle-ci l'attend couchée sur le dos au centre du lit, les jambes écartées. C'est ainsi que Monsieur déclarera sa flamme ardente. Pour s'aider, la femme peut se tenir d'une main sur un coin du lit, et tenir une jambe de l'autre. Elle facilite ainsi la pénétration, qui n'est pas très aisée pour le soupirant, obligé de tenir une position inconfortable pendant l'acte.

On pourra donc varier les plaisirs. La femme repliera les jambes. Couchée sur un tas d'oreillers et de coussins, elle resserre les cuisses tandis que Monsieur essaiera de garder ses jambes écartées. Les sensations pour les deux partenaires sont décuplées par l'étroitesse du sexe féminin.

Que le mortier soit grand ou petit, Monsieur se débrouillera toujours, même si ce n'est pas aisé, de frapper le pilon au coeur. Quand il y parvient, cela confère à l'union sexuelle une allure presque cérémonielle.

Les chimpanzés :

La position des chimpanzés est sûrement, avec celle de la brouette de l'une des positions sexuelles les plus difficiles du Kamasutra. Mais elle permet aussi de tester la dextérité des amants et leur courage. La technique du retour à cette position n'est pas donnée à tout le monde; Pas plus que le fabuleux plaisir que l'on éprouve dans cette union sexuelle.

Si le Kamasutra est aussi célèbre dans le monde entier, c'est aussi et surtout grâce à son inventivité. C'est le cas de cette position des chimpanzés, dont l'extrême difficulté n'a d'égal que l'extrême plaisir qu'elle peut apporter aux amants.

Difficile d'abord, de s'imaginer comment l'on se retrouve dans une telle position. L'homme se couche sur le dos et relève les jambes en les écartant. Son sexe pointe vers le haut, mais ce n'est pas la bonne direction. Le sexe doit être tendu vers le ciel. En même temps qu'il le maintient bien droit, il tient la femme par la taille pour la guider. Celle-ci, dos à l'homme, sans ne rien voir, doit néanmoins réussir à s'empaler sur le sexe de l'homme.

Pour maintenir l'équilibre, la femme doit avant tout rester bien droite tout en étant agenouillée, telle un petit singe. Le premier essai ne sera sûrement pas le meilleur et les amants devront s'y réessayer à plusieurs fois avant de réussir parfaitement. L'homme, en tenant sa partenaire, rythme la pénétration et choisit la cadence. Il peut également donner des petits coups de bassin pour approfondir la pénétration. La femme, elle, a le choix de monter plus ou moins haut à chaque coup pour rester maîtresse de l'intensité du coït. Elle peut enfin caresser le bas des testicules de son partenaire, zone hautement érogène chez l'homme, et s'aventurer à lui caresser les fesses.On peut alors varier le plaisir, non sans difficultés.

La femme peut aller de bas en haut tandis que son partenaire la dirige d'avant en arrière, ce qui suppose une parfaite coordination, mais sera aussi le meilleur moyen d'éprouver un plaisir partagé. Surtout, la position des chimpanzés est idéale pour rompre la monotonie du quotidien et de l'éternel missionnaire.

Malheureusement, la position des chimpanzés ne s'adresse pas aux novices. L'homme peut vite fatiguer sous le poids de sa partenaire, si elle n'apprend pas à lui faire confiance en se laissant totalement aller au contrôle de ses mains. Et malgré une position où l'orgasme est facilement atteignable, les mouvements restent limités et le champ de vision des amants est presque nul. Difficile, alors, de susciter le désir en regardant son ou sa partenaire. Mais le prix à payer vaut bien une jolie récompense pour nos petits singes en herbe.

Les rameurs :

Selon la mythologie grecque, c'est dans l'île de Cythère que fut portée Aphrodite, déesse de la beauté et symbole de la sensualité féminine, lorsqu'elle naquit de l'écume de la mer. Et si, à votre tour, vous embarquiez pour Cythère ? Il vous suffira de quelques coups de rames, pour rejoindre l'île de tous les plaisirs !

La posture des rameurs est davantage un jeu érotique qu'une nouvelle façon d'accéder à l'orgasme. On pourra la choisir pour développer des tensions sexuelles qui se résoudront dans une autre posture, ou seulement comme interlude, ou bien encore, lorsque l'homme, fatigué ou déjà comblé, souhaite prolonger le plaisir de la femme. Les contacts de peau à peau y sont étroits ; chacun lit dans le regard de l'autre la montée du désir et du plaisir.

Asseyez-vous, l'un en face de l'autre, les jambes écartées, légèrement repliées, les cuisses de la femme sur celles de l'homme. Dans cette position, l'homme fait pénétrer facilement son pénis dans le sexe de la femme. Vous pourrez alors incliner l'un et l'autre votre buste vers l'arrière, en vous soutenant, bras tendus aux chevilles de votre partenaire.

En balançant le buste d'avant en arrière, vous provoquez, dans ce mouvement de rameur, de délicieux frottements des testicules et de la base de la verge contre les petites lèvres. Le plaisir se diffusera jusqu'au clitoris. S'y ajoute, du fait de la symétrie des positions de l'homme et de la femme, le bonheur d'oublier à qui appartient le pénis : le temps de cette posture, vous êtes chacun à la fois l'homme et la femme.

Profitez également de la vue que vous avez sur votre sexe et le sexe de votre partenaire en action : c'est une jolie source d'excitation !

Compte tenu de l'angle de pénétration et de la mobilité réduite de sa verge, l'homme ne parviendra pas à l'éjaculation, mais son pénis est néanmoins excité par le léger va-et-vient dans la chaleur moite du vagin.

Vous pouvez, bien entendu, changer de cap et apporter des variations à votre navigation : l'homme, redressant son buste, maintient celui de la femme, en plaçant ses mains sous ses aisselles. La femme soulève alors légèrement les pieds qu'elle peut croiser derrière le dos de l'homme, en détendant ses jambes : dans cette posture dite du "siège du cocher", comme dans celle des rameurs, le coït lent permet d'accumuler, sans précipitation, une tension, qui vous mènera, un peu plus tard, dans une autre posture, à un orgasme puissant.

<u>Prendre ses jambes à son cou :</u>

Ceux qui ne savent pas cette posture des amoureux croient que "prendre ses jambes à son cou" signifie détaler à toute vitesse. Pas du tout ! Dans les relations sexuelles, un homme qui désire une femme, prend ses jambes à son cou absolument pas pour s'enfuir, mais, bien au contraire, afin d'être plus intimement proche d'elle. La preuve...

L'homme s'assied jambes étendues ; il penche un peu le tronc en arrière, appuyé sur les mains. Il doit être confortablement installé, pour que la position reste agréable tout au long du jeu : un tapis moelleux, ou carrément le lit, sont préférables au carrelage. Quant au parquet, il est à éviter, à cause des échardes.

La femme vient s'asseoir sur lui en se faisant empaler afin d'avoir un point d'arrimage solide avec le corps de son partenaire. Dans ces conditions, elle peut se laisser aller en arrière, en prenant appui sur ses mains, elle aussi, tout en relevant les jambes, jusqu'à les poser sur les épaules de son compagnon. Un petit temps d'ajustement est en général nécessaire pour que le couple trouve l'inclinaison des bustes qui rend possible le maintien de la position pendant de longues minutes.

La femme mène la danse

Quand on est ainsi emboîtés, les mains et les bras sont indisponibles, et l'homme est bloqué dans ses capacités de mouvement. C'est donc essentiellement la femme qui peut agir. Certaines préfèrent alors balancer leur bassin en creusant alternativement le ventre, puis les reins : la qualité du contact entre la verge et le vagin donne des sensations qu'on peut moduler grâce à la douceur des mouvements. Il faut savoir prendre son temps, et, pourquoi pas, fermer les yeux pour sentir l'excitation irradier son sexe et gagner, en ondes lentes, tout le ventre, puis les cuisses, avant de tétaniser peu à peu les muscles.

D'autres femmes sont plus sensibles au va-et-vient. En prenant appui sur le sol avec leurs mains, et sur les épaules de l'homme avec leurs jambes, elles soulèveront et abaisseront leur bassin afin de faire coulisser la verge dans leur ventre.

Tape-cul :

Un coup en haut, un coup en bas, un coup en haut... Projeté(e) en position haute, on décolle de la planche, comme une crêpe, puis, d'un coup de rein vigoureux on redescend à terre. Souvenez-vous de cette balançoire de votre enfance pour la transformer en jeu amoureux et expédier votre partenaire dans les hauteurs du 7ème ciel !

Il est des postures amoureuses où chacun œuvre au plaisir de son amant, et où la passivité n'est pas permise. Dans la posture du tape-cul, c'est à chacun son tour d'agir. Avant tout un jeu, cette posture, qui fait travailler les muscles abdominaux, permet des variations, au gré de votre excitation et de votre plaisir.

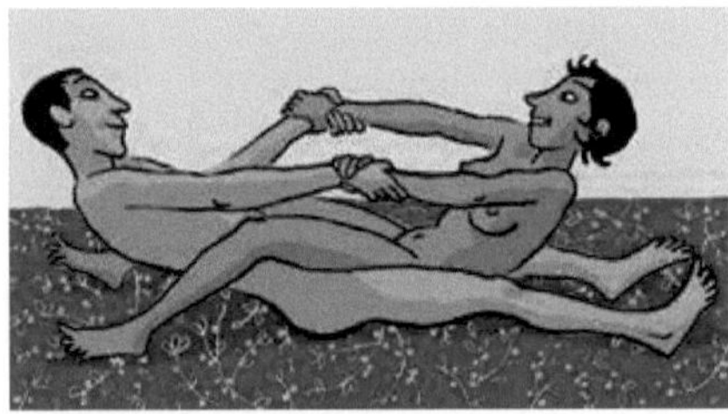

Au sol ou sur un lit, les deux amants s'installent face à face, et allongent leurs jambes en position écartée. Pour plus de commodité, les jambes de la femme sont au-dessus de celle de l'homme, son bassin légèrement en bascule vers le haut. Ainsi placés, les amants étendent leurs bras en avant jusqu'à ce que leurs doigts se joignent, et s'attirant l'un l'autre rapproche leurs fesses de façon à ce que leurs sexes se touchent.

Pour commencer, la femme repose ses épaules par terre ou sur sa couche, l'homme reste en position assise, le buste redressé ; les amants se tiennent par les mains, leurs bras sont tendus. Après avoir lubrifié son pénis avec de la salive, l'homme l'introduit dans le vagin de sa compagne qui, dans cette position, est grand ouvert. Puis, sans jamais lâcher les mains de sa partenaire, il se laisse à son tour tomber en arrière, tandis que la femme, aidée par la traction de ses bras, redresse son buste : du fait de la tension musculaire des abdominaux et du périnée, le vagin se resserre sur le pénis, ce qui augmente la friction de celui-ci sur la face interne du sexe féminin, et rend le coït d'autant plus voluptueux.

PARTIE 8 : SEXE ORALE:

L'amour en tête-à-tête, en face-à-face, dos-à-dos... Et si vous preniez un virage vers des plaisirs inédits ? Pour ceux qui sont prêts à exciter les parties intimes de leur conjoint avec leur langue, le plaisir se trouve parfois sur le bout de la langue...

L'excitation par la langue :

Dans cette position où l'homme ou la femme sont fusionnel, les deux s'apprécient en se laissant exciter leurs parties intimes par leur langue comme si chacun savourait un raisin frais et savoureux.il peut offrir à son partenaire une position inédite pour goûter à ce fruit secret.

Par exemple, l'homme fait le poirier, appuyé sur la tête et sur les mains, les jambes en l'air. La femme s'agenouille face à lui, et son visage est juste à la bonne hauteur. Avec ses mains, ou en enlaçant le corps de l'homme, elle l'aide à se maintenir en équilibre. Bien sûr, la position est parfaitement réversible, la femme faisant le poirier, l'homme agenouillé ; et beaucoup d'hommes adorent que l'offrande leur soit faite dans ce sens, afin de pouvoir plonger la tête dans ce qu'ils vont goûter ou dévorer comme on plonge la tête dans son plat favori.

Avec cette position, les adeptes de la jouissance alternée seront aisément comblés. Quant aux fanatiques du plaisir simultané, ils peuvent introduire une variante afin de ne pas être frustrés. Il suffit que l'homme, placé la tête en bas, s'appuie des fesses et des pieds contre un mur de la pièce, et repose sur le sol par les épaules et le haut du dos. La tête est alors suffisamment avancée pour être sous le sexe de la femme accroupie : et l'étreinte plaquera l'homme contre le mur.

Cette position n'a pas comme seul intérêt de faire plus compliqué alors qu'on peut réaliser un 69 plus simplement : les tensions musculaires qu'elle entraîne, ainsi que le caractère provocant des situations et des béances créées, augmentent notablement l'excitation et la jouissance obtenues.

Dans ces conditions, dévorer n'est plus un défaut, mais la qualité des vrais gourmets.

La belle endormie :

Tandis que sa tendre épouse dort, c'est un bonheur pour son époux bien aimant de ressusciter son sexe au plaisir ! Pour celle qui s'éveille, quelle surprise délicieuse de se sentir inondée de désir, ou même le corps déjà envahi par son amoureux !

Il faut avoir connu l'insomnie amoureuse, pour comprendre à quel point le corps de l'aimée endormie exalte le désir physique de celui qui l'observe. Alors que la femme s'est assoupie, épuisée de plaisir (ou simplement après une journée fatigante), l'homme, tenu éveillé par l'excitation sexuelle, éprouve l'envie de jouer avec le corps de sa maîtresse. A moins que la rejoignant tardivement au lit, il s'émerveille de son corps abandonné au sommeil. Pas de précipitation, surtout ! Même si son pénis dressé est prêt à la pénétrer le vagin, il se garde de brusquer sa partenaire ; retenant une jouissance hâtive, il savoure le spectacle de ce corps alangui. Il stimule lentement le sexe féminin avec la bouche ou la main humide de salive ou de l'huile d'olives ; il goûte chaque recoin intime de la femme : les petites lèvres, le clitoris qui gonfle sous ses caresses, la tendre peau périnéale. Il promène délicatement sa langue sur la vulve qui s'échauffe et rougit. Même si elle ne s'éveille pas encore, la femme s'ouvre déjà au plaisir.

Sur une belle endormie, toutes les caresses sont bienvenues. Ses bouts de seins se tendent sous les baisers ; sa peau est plus veloutée ; ses traits de visage détendus ont oublié soucis et contrariétés ; ses cheveux s'éparpillent joliment sur l'oreiller ; ses muscles relâchés la disposent à la jouissance.

La langue de chat :

La langue offre à l'être humain sa première expérience érotique : téter le sein. Si ensuite elle se spécialise dans l'émission de la parole ou dans la dégustation de la nourriture, elle reste pour toujours un merveilleux instrument amoureux.

Qu'on la gonfle ou qu'on l'allonge, qu'on la pointe ou qu'on l'aplatisse, la langue permet de caresser ou de lécher, d'aspirer ou de sucer, selon la fantaisie de chacun.

La langue de chat, c'est celle de l'amant qui offre avec désintéressement à sa maîtresse jouissance et volupté dans un cunnilingus subtil. Parfois, c'est parce que la femme refuse la pénétration, ou bien parce que l'homme est épuisé et la femme pas encore apaisée ; parfois aussi ce don amoureux est un préliminaire à une autre relation sexuelle. De fait, pour les hommes, l'odeur du sexe féminin ainsi que la jouissance clitoridienne de leur compagne sont des stimulants érotiques puissants.

La femme se couche confortablement sur le dos ; elle étend les jambes que son amant relève et écarte tendrement, avant d'approcher son visage de la vulve. Il peut commencer par déposer des baisers légers sur les petites lèvres et le mont de Vénus, des chatouillis destinés à éveiller le sexe de sa compagne.

Puis il allonge sa langue, de façon qu'elle soit pointue et dure, et il en donne de petits coups secs et rapides autour du clitoris, pour picoter la zone sensible : le clitoris se gonfle et sort de son capuchon. A ce moment, l'homme le prend entre ses lèvres, l'aspire longuement, tout en l'agaçant de la pointe de sa langue.

La position 69 du Kamasutra :

Le tête-bêche, que les deux chiffres 6 et 9 accolés symbolisent de manière très parlante, est sans doute la position qui véhicule le plus d'imaginaire, alors que ce n'est pas une position de pénétration, vaginale ou anale. Il consiste, pour un couple, à s'unir, la bouche de l'un contre le sexe de l'autre.

Comment pratiquer la position du 69 : Deux partenaires, trois possibilités

En fait, cette union peut se réaliser dans trois situations différentes : l'homme allongé sur le dos et la femme sur lui, la femme allongée sous l'homme, ou les deux allongés sur le côté.

En plus, après tout, rien n'empêche, en théorie, les plus souples et les plus sportifs d'essayer de réaliser cette figure avec l'homme debout, retenant sa compagne contre lui : mais le commun des mortels agira sagement en se contentant d'y rêver, la difficulté étant grande et le risque d'incident non négligeable...

Le soixante-neuf vue par la femme

La grande majorité des gravures représentent l'homme allongé sur le dos, confortablement installé. La femme est à quatre pattes au-dessus de lui, elle se laisse passivement embrasser et caresser, des lèvres et de la langue, ou bien elle recherche, par les mouvements de son bassin, à varier le contact, à le rendre plus précis ou plus fort, à en multiplier les effets en l'intensifiant par le frottement. L'homme a les mains libres pour caresser ses fesses ou ses reins, pour guider ses hanches afin de multiplier les sensations.

La position selon le point de vue de l'homme

La femme embrasse le sexe de l'homme, ou le caresse des lèvres et de la langue, l'introduit un peu, ou beaucoup, dans sa bouche pour une caresse circulaire plus enveloppante. Elle peut rester le visage face au sexe, redressant la verge à la verticale, ou se mettre un peu de biais, le front appuyé, sur le ventre, l'aine, la cuisse de l'homme.

Dans une telle position, l'excitation ressentie par chacun se renforce de celle qu'il procure à l'autre et du caractère provoquant des postures. Mais certaines personnes peuvent penser qu'être attentif au plaisir de l'autre ne permet pas de s'abandonner pleinement au sien : elles préfèrent dissocier le temps du cunnilinctus de celui de la fellation. Tout est question de goût, et le couple doit être assez ouvert pour que chacun puisse demander, et obtenir, le jeu de bouche qui comble sa gourmandise.

Le rêveur ardent :

Au petit matin, tandis que l'amant dort, sa maîtresse le contemple : plus trace dans son sommeil de sa force dominatrice ; seulement une fragilité d'enfant. Sous le drap, pourtant, son pénis raide et dressé témoigne de sa virilité. A quoi rêve-t-il donc ?...

Les hommes bandent en dormant, particulièrement le matin. Pour la femme, quoi de plus tentant, devant ce spectacle, que de mener la danse et en profiter pour manifester voluptueusement son amour ? Au début, le rêveur, profondément endormi, ne réagit pas. Sa compagne est entièrement maîtresse de son corps qu'elle effleure d'un doigt léger. Puis elle s'approche de la verge tendue, souffle légèrement sur la peau, l'embrasse brièvement, Tenant le pénis dans sa main, elle le place entre ses lèvres et le fait tourner dans sa bouche ; ou bien elle le presse avec ses lèvres et le fait ressortir, recommence encore, à moins qu'elle ne préfère presser ses lèvres serrées contre le gland décalotté et l'embrasser. En même temps ses doigts flattent les testicules et courent sur le corps du rêveur dont l'ardeur ne peut que s'accroître

Variations en tête-bêche :

Le 69, décidément, est une source infinie de variations. Plutôt que de le pratiquer en position couchée, relax, les connaisseurs préfèrent jouer avec des tensions musculaires et des étirements, qui amplifient la jouissance au moment de l'orgasme.

Par exemple, l'homme et la femme se mettent à genoux, cuisses écartées, l'homme dans le dos de la femme, à un petit mètre environ. La femme s'assied sur ses talons et renverse son buste en arrière. Quand elle est bien renversée, l'homme se penche au-dessus d'elle et adapte sa position jusqu'à avoir la bouche sur son sexe. La femme s'accroche aux hanches de l'homme et a tout le loisir d'embrasser sa verge selon les mille façons que son imagination lui suggérera.

Des variantes sont possibles : un des deux peut être debout si l'autre est sur un plan surélevé. Ainsi l'homme peut être debout, penché en avant sur la femme arquée sous lui, si les pieds de celle-ci reposent sur une chaise. Ou bien c'est l'homme qui est à genoux, sur le lit par exemple, et la femme, elle, a les pieds posés sur le sol.

Généralement, c'est ainsi, le dos arqué en arrière, que la femme augmente le plus sa jouissance, mais il lui faut renoncer aux mouvements de reins et aux ondulations des hanches. C'est pourquoi certaines peuvent être tentées par l'échange des positions, être celle qui se penche en avant, avec un homme accroché sous elle, contre la bouche duquel elle pourra faire jouer son sexe avec toute liberté pour varier l'intensité de l'appui, la nature et le rythme du balancement.

Même si elle paraît acrobatique a priori, cette variante permet de libérer son énergie et de dépasser les bornes de la retenue pour vraiment perdre la tête.

La femme, si elle le souhaite, peut se caresser. Elle peut préférer s'asseoir à califourchon sur la cuisse de l'homme et y frotter ses petites lèvres et son clitoris ; ainsi son excitation sexuelle monte en intensité simultanément à celle de son amant. L'intérieur du vagin se lubrifie naturellement, le muscle périnéal se contracte probablement déjà par petites saccades, signes que le sexe de la femme attend le pénis. Et lorsqu'enfin l'homme revient à la conscience, il trouve son amante prête au plaisir qu'il souhaite partager avec elle.

PARTIE 9 : Faire l'amour pour tomber enceinte :

Faire l'amour au bon moment, adopter les meilleures positions sont autant d'atouts permettant d'augmenter vos chances de tomber enceinte. S'il s'agit de faire l'amour pour faire un bébé, voici en exclusivité les 5 positions pour joindre l'utile à l'agréable. N'oublions pas que tout dépend de l'objectif de l'époux et de son épouse. Toutes les positions agréables qui permettront à chacun de savourer leurs intimités avec de bonne intention et de complicité aboutiront au succès et de prier Dieu ensemble pour demander des enfants également.

Bons moments pour tomber enceinte

Pour tomber enceinte, il faut commencer par faire l'amour au bon moment… Et après, comment optimiser les chances de grossesse ? En la matière, les conseils les plus farfelus sont légion. Existe-t-il une position sexuelle idéale ? L'orgasme favorise-t-il la fécondation ? Tour d'horizon pour donner un petit coup de pouce au hasard.

Le bon moment

D'abord, il faut déterminer le bon moment : le rapport doit avoir lieu dans les moments proches de l'ovulation, c'est à dire lors de la libération d'un ovule fécondable dans l'utérus. En général, cela se situe vers le 14e jour du cycle (en comptant à partir du premier jour des règles). Mais le mieux est d'utiliser notre application courbe. Il faut alors essayer de faire l'amour le plus souvent possible entre le troisième jour avant et le troisième jour après l'ovulation. Et pour les messieurs, il est conseillé dans les trois jours avant cette date de s'abstenir de tout rapport, pour préserver un taux de spermatozoïdes élevé.

Petite précision pour mettre fin à une idée reçue : le fait de faire l'amour avant l'ovulation pour avoir une fille et le jour de l'ovulation ou après pour avoir un garçon ne repose sur aucun fondement scientifique.

La position idéale

D'abord, il faut reconnaître que la position idéale pour tomber enceinte est un mythe ! Mais il semble en tout cas préférable de ne pas avoir la gravité contre soi, et donc de privilégier les positions qui vont amener le sperme à proximité du col de l'utérus. Même si les spermatozoïdes savent nager dans toutes les positions, et vont se diriger uniquement grâce à des signaux chimiques, autant leur faciliter la tâche ! La position du missionnaire donc idéale, avec toutes les variantes où la femme est allongée sur le dos ou sur le côté, telle que la fleur éclatée par exemple. La levrette aussi peut-être propice, à condition de bien gérer les changements de position ! Evitez en revanche l'union du lotus ou la position d'Andromaque et toutes les configurations avec la femme sur l'homme.

Du désir au plaisir

D'abord, il faut préciser que l'ovulation et l'orgasme sont totalement indépendants. Un ovule prêt à être fécondé est produit à chaque cycle, et non pas uniquement si vous avez un orgasme au moment de l'ovulation. Néanmoins, certains spécialistes prétendent que le fait pour la femme d'atteindre le 7e ciel permettrait de faire passer plus de spermatozoïdes dans l'utérus, par le jeu des contractions. Dans tous les cas, si l'orgasme n'est pas une condition nécessaire, il n'est pas une contre-indication à la fécondation, donc inutile de se priver !

Post-coïtum

Après les galipettes, inutile de vous mettre à faire le poirier ! Le sperme ne peut pas entrer dans l'utérus comme dans un entonnoir ! Ce sont les spermatozoïdes à proximité du col qui vont traverser en nageant. Par contre, il est conseillé de ne pas se lever tout de suite et de rester sur le dos une dizaine de minutes : autant donner leur chance de passer au plus grand nombre. Certains gynécologues conseillent ainsi de mettre un coussin sous le bassin, voire de mettre les pieds au mur. Mais rien n'est prouvé en la matière. En tout cas, pas question d'aller prendre une douche vaginale, au risque de tuer les spermatozoïdes.

Le Kamasutra pour faire un bébé :

Etes-vous bien sûr de savoir comment on fait les bébés ? D'accord, vous connaissez la théorie, vous avez même souvent pratiqué. Mais c'était juste pour le plaisir ! Maintenant c'est du sérieux, il s'agit de faire l'amour pour faire un bébé ! Voici en exclusivité les cinq positions clés pour joindre l'utile à l'agréable.

Avant toute chose, repérez votre date d'ovulation, et essayez d'avoir des rapports réguliers dans les jours qui précèdent et qui suivent. Et la règle principale : faire l'amour doit toujours rester un plaisir !

La colline aux mille merveilles

La femme s'allonge sur le ventre, au milieu du lit. Elle place sous les hanches un édredon ou à défaut un coussin assez rond. Elle écarte légèrement les jambes pour accueillir son partenaire, qui se place à genou derrière elle. Il peut alors admirer cette colline aux mille merveilles avant d'en pénétrer la vallée florissante. L'homme peut alors prodiguer nombre de caresses variées aux endroits les plus sensibles pour stimuler le plaisir de sa compagne jusqu'à l'orgasme.

Efficacité: 70%

Préliminaire conseillé : un massage en douceur du dos de la partenaire, pour éveiller petit à petit ses sens et son désir

Astuce : Avec cette position le sperme sera directement en contact avec le col de l'utérus. Le seul conseil après l'amour est de soit garder la position avec les coussins, soit de se retourner doucement pour se mettre sur le dos (sans les coussins) et de rester allongée quelques dizaines de minutes.

La femme de l'architecte

La femme s'allonge sur le côté, au bord du lit, jambes tendues devant elle, formant ainsi un "L" ou une équerre. Ses jambes sont ainsi parallèles au cadre du lit, et ses fesses au bord. L'homme se place debout où à genoux sur le sol (en fonction de la hauteur du lit) devant cette croupe offerte qu'il pénètre doucement. Il peut en même temps caresser les seins de sa compagne, et lui embrasser/mordiller/caresser la main et le bras qu'elle lui tend voluptueusement. Les effleurements de l'homme peuvent aussi s'aventurer sur les fesses de sa partenaire...

Efficacité: 60 %

Préliminaire conseillé : Un peu de lecture s'impose... Un petit livre de récits érotiques ou les morceaux choisis de livres plus classiques devraient faire des merveilles. L'idéal est que l'homme commence la lecture d'une voix douce et suave, alors que la femme vient de s'allonger sur le lit. Puis au moment de son choix, où lorsqu'elle lui demande, il la pénètre...

Rien n'interdit alors de continuer la lecture pendant l'amour...

Astuce : L'idéal est que la femme se retourne sur le dos après l'amour, et garde la position quelques dizaines de minutes après l'orgasme, pour favoriser le passage des spermatozoïdes. L'homme peut pendant ce temps se placer au bord du lit... et reprendre la lecture où il l'avait laissée...

La table des délices

Quelque peu acrobatique, cette position nécessite d'avoir une table solide. La femme s'allonge sur celle-ci (prévoir éventuellement coussins et couverture, en faisant attention à ce que celle-ci ne glisse pas trop sur le plateau) dans le sens de la longueur. Elle place ses fesses au bord de la table et l'homme se place debout face à elle.

Elle peut alors enlacer l'homme avec ses jambes ou, plus confortable, les mettre sur les épaules de celui-ci. Pour varier les plaisirs, la femme peut ne mettre qu'une jambe sur l'épaule, pendant que l'homme tient l'autre sous le bras, et d'alterner entre la gauche et la droite, pour faire varier l'angle de pénétration.
Efficacit:70 %
Préliminaire conseillé : Lorsque la femme s'allonge sur la table, pourquoi ne pas commencer par une petite "mise en bouche" ? Un peu de miel ou du chocolat liquide, à faire couler doucement sur les seins et le ventre, puis à lécher doucement. De quoi ouvrir l'appétit des deux amants...
Astuce : Là aussi, l'idéal est de garder la position quelques dizaines de minutes après l'orgasme, pour favoriser le passage des spermatozoïdes. C'est pourquoi il faut avoir prévu coussins et couvertures sur la table.

Le trône de l'amour

La femme s'allonge sur le dos au milieu du lit. Elle place ensuite un petit coussin sous les fesses. Eventuellement prévoyez deux coussins : un sous les reins, un sous les fesses pour rendre la position plus confortable. L'homme peut alors pénétrer doucement sa partenaire, en se plaçant face à elle et en s'appuyant sur les mains. La femme peut prendre l'homme entre ses jambes pour accompagner ses mouvements. L'angle de pénétration est normalement propice à une stimulation du point G.

Et lors de l'éjaculation, le sperme sera directement au contact du col de l'utérus.

Efficacité: 80 %.

Préliminaire conseillé : En plaçant le coussin sous les fesses de sa partenaire l'homme peut en profiter pour embrasser langoureusement le sexe de celle-ci....
Astuce : Essayez de garder la position quelques dizaines de minutes après l'orgasme, pour favoriser le passage des spermatozoïdes.

L'élévation profonde :

La femme s'allonge sur le lit et replie les jambes sur son torse. L'homme se met face à elle et peut soit placer les jambes de sa compagne de chaque côté, soit sur ses épaules. La femme peut aussi décider d'alterner pendant qu'il la pénètre, afin de faire varier les zones stimulées et augmenter le plaisir. L'homme ne doit pas hésiter à caresser les cuisses et les jambes de sa compagne, pour provoquer des sensations voluptueuses.

Une position durant laquelle la pénétration est profonde, où il convient d'être très doux.

Efficacité : 80 %

Préliminaire conseillé : Pourquoi ne pas tester un petit gadget vibrant comme un petit canard pour éveiller les sens et le désir ? Car les jouets, ce n'est pas uniquement réservé au futur bébé.

Astuce : L'idéal est de garder la position quelques dizaines de minutes après l'orgasme, pour favoriser le passage des spermatozoïdes. Ce qui peut être l'occasion d'une nouvelle partie de jeu avec l'accessoire : d'autant qu'un nouvel orgasme féminin (et les contractions de l'utérus ainsi provoquées) devrait faciliter le passage des spermatozoïdes.

CONCLUSION :

Ce livret est un guide sexuel pour l'époux et son épouse pour leur permettre de renforcer leur intimité et de se découvrir encore plus en laissant l'inspiration les habiter. Faire l'amour c'est comme faire du sport et donc les gymnastiques sexuelles inspirées du Kamasutra (traité indien sur l'amour) permettent à l'homme de s'unir davantage à sa bien-aimée. Il n'y a plus de place à la monotonie et aux complexes. Les amoureux doivent jouer ensemble dans la joie et la bonne ambiance. Il suffit que les deux amoureux soient détendues et prennent ce livret comme livre de gymnastiques sexuelles pour retrouver et renforcer leur épanouissement sexuel. Les amoureux doivent de temps en temps parcourir ensemble ce livre sur la sexualité et comme des artistes rentrer dans les profondeurs de leur êtres et échanger des belles méthodes de faire l'amour pour leur bien-être commun .Ils auront compris qu'ils peuvent faire l'amour ,se donner du plaisir en étant debout ,ou assis ,allongé sur le dos ou sur le ventre ,incliné ou redressé ,en balançoire ,en missionnaire ou encore se donner du plaisir à travers leurs langues qui savourent les parties intimes de chacun. Les caresses ,les tendresses ,les mots doux ,les gestes d'attentions sont les préliminaires pour rentrer dans les positions exaltantes pour le couple.

Printed by Books on Demand GmbH, Norderstedt / Germany